英语语境下

中国留学生口头学术语篇的社会化研究

左红珊 ◎ 著

四川大学出版社
SICHUAN UNIVERSITY PRESS

图书在版编目（CIP）数据

英语语境下中国留学生口头学术语篇的社会化研究 /
左红珊著． — 2 版． — 成都：四川大学出版社，2024.3
（语言与应用文库）
ISBN 978-7-5690-6621-0

Ⅰ．①英…　Ⅱ．①左…　Ⅲ．①英语—语言学—研究
Ⅳ．① H31

中国国家版本馆 CIP 数据核字 (2024) 第 054546 号

书　　　名：英语语境下中国留学生口头学术语篇的社会化研究
　　　　　　　Yingyu Yujing xia Zhongguo Liuxuesheng Koutou Xueshu Yupian de Shehuihua Yanjiu
著　　　者：左红珊
丛 书 名：语言与应用文库

丛书策划：张宏辉　黄蕴婷
选题策划：周　洁
责任编辑：周　洁
责任校对：余　芳
装帧设计：墨创文化
责任印制：王　炜

出版发行：四川大学出版社有限责任公司
　　　　　　地址：成都市一环路南一段 24 号（610065）
　　　　　　电话：(028) 85408311（发行部）、85400276（总编室）
　　　　　　电子邮箱：scupress@vip.163.com
　　　　　　网址：https://press.scu.edu.cn
印前制作：四川胜翔数码印务设计有限公司
印刷装订：四川省平轩印务有限公司

成品尺寸：170mm×240mm
印　　张：15.75
字　　数：211 千字

版　　次：2020 年 12 月　第 1 版
　　　　　　2024 年 3 月　第 2 版
印　　次：2024 年 3 月　第 1 次印刷
定　　价：78.00 元

本社图书如有印装质量问题，请联系发行部调换

四川大学出版社
微信公众号

前　言

　　2015 年，受国家留学基金委的资助，我到英国卡迪夫大学英语、交流与哲学学院（School of English, Communication & Philosophy, Cardiff University）访学。在卡迪夫大学学习期间，选修课程，聆听讲座，参加学术会议，参与研讨交流，忙忙碌碌中我深觉获益匪浅。作为一名英语教师和二语习得研究者，我特别关注学术语境下中国留学生英语能力的发展，经常在课堂上观察和自己同班的中国留学生的表现，也会关注他们在课外参与各种学术交流活动的情况。在与不少年轻的中国留学生（主要是硕士研究生）深入接触的过程中，我观察到一个比较明显的倾向：很多学生学习认真、朝气蓬勃，但是在课堂学习之余，他们大多数时间不是一个人待在房间里读书、用电脑，就是和同样来自国内的小伙伴邀约出行。这样看来，除了课堂学习以及课外有限的师生互动，中国留学生参与以英语为媒介的学术交流的机会并不算多。在这样的情况下，留学生怎么实现学术英语口语能力的提高呢？

　　受这个问题驱使，我到图书馆查阅了很多文献，走进了语言社会化（Language Socialization）这个充满魅力的领域。自 20 世纪 80 年代语言社会化理论问世以来，班比·希费林（Bambi Schieffelin）、埃莉诺·奥克斯（Elinor Ochs）、珍·莱夫（Jean Lave）、艾蒂安·温格（Etienne Wenger）、帕特里夏·达夫(Patricia Duff)……语言社会化研究各个时期的领军人物，将这一理论不断完善、丰富。在语言社会化理论视阈下，语言学习不仅仅是接触、纳入和构建语言知识的过程，还是一个包含更多内涵的过程，比如对语言的实际运用、被目标语言共同体（target language community）认同、个体身份的构建以及社会文化体验等。在语言社会化的过程中，个体通过语言实践和社会互动，在学习语言知识和提高语言能力的同时，被引入特定的知识、信念、情感、角色、认同等体系，成为有能力的社会成员。

学术语境下的语言社会化已属不易，而学术语境下的第二语言（简称"二语"）社会化则更是充满挑战。对于在英语国家留学的中国学生来说，留学中的一个重要任务就是实现英语学术语篇的社会化，能够在学术语境中用英语进行交流，参与学术活动，表达自己的观点，发出自己的声音，在实践共同体（Community of Practice，简称 CoP）中构建合格成员的身份。事实表明，留学生在这方面体现出明显的个体差异。有的留学生有较强的英语交流能力，积极参与各种学术活动，表现活跃，在其所处的学术实践共同体中是令人瞩目的核心成员；而有的留学生则受限于英语交流能力，在学术交流中往往比较被动，总是默默地倾听、记录，鲜少开口发言，似乎是学术实践共同体中的"小透明"。英语语境下中国留学生学术英语口语能力的发展状况如何？留学生身处以英语为交流媒介的实践共同体中，如何通过参与共同体的活动构建共同体的合法身份？换言之，留学生在学术英语语境下如何实现社会化？哪些因素会影响这一过程？

出于对这些问题的关注，2016 年春回国后，我申报了题为"英语语境下中国留学生英语口头学术语篇的社会化研究"的教育部人文社会科学研究项目，并幸运地获得了立项。四年来，我和课题组的同事一起，以留学英国、美国、澳大利亚等国的中国留学生为研究对象，围绕课题的研究问题展开研究工作。英语语境下中国留学生英语口头学术语篇的社会化研究是一个庞大、复杂的课题，受制于人力、物力和时间，我们只选取了其中的几个点进行研究。相关的研究成果集结成了这本小册子，希望能对语言社会化研究者有一定的参考价值，也希望有助于留学生在学术英语语境下成功地实现社会化。

在本书付梓之际，首先要感谢参加本研究的所有留学生，他们不厌其烦地参与我们的问卷调查和访谈，为我们提供了丰富的数据。很多同学在留学中不畏艰辛、努力奋斗的经历，给我们留下了深刻的印象，深深地激励着我们。由于篇幅所限，我们无法在此一一列举参与本研究的留学生的姓名，谨在这里向他们表示感谢。其次要衷心感谢课题组所有成员，包括辜磊、郭园、胡雅宁、李佳芮、翁星宇、曹欣言、唐粤、陈迪、陈启晗，他们踏实进取、勤奋认真、易于合作，让研究过程愉快而温暖。

此外，衷心感谢四川大学社科处的文萍老师、王炬老师长期以来的指导和帮助，感谢四川大学外国语学院领导和同事的支持，特别是段峰教授、王欣教授、金学勤教授、余渺老师、牟许琴老师、韦足梅老师的鼓励和帮助。感谢广东外语外贸大学的王初明教授、南开大学的张文忠教授、青岛科技大学的尹洪山教授对本研究的指导。感谢四川大学外国语学院吴芳同学和刘英子同学帮助核查参考文献、审阅书稿。还要感谢四川大学出版社的编辑张晶老师、周洁老师，她们专业的指导、细致的工作、暖心的鼓励使本书得以顺利出版。感谢我的家人对我无微不至的关爱和支持。

由于作者水平有限，书中有不少疏漏和不完善之处，恳请广大读者指正。

左红珊

2020 年 9 月

目　录

第一部分　理论篇

第二部分　实证篇

第一部分　理论篇

第 一 章

研究背景

The world is a book, and those who do not travel read only a page.

— St. Augustine

随着高等教育国际化的发展，越来越多的中国学生走出国门，到世界各地的高校留学深造。对于到英语国家留学的学生来说，英语是他们课堂学习和学术交流的通用语言，学术英语能力至关重要。本章介绍我国学生出国留学的现状以及我国学术英语的教学情况，作为我们展开英语语境下中国留学生英语口头学术语篇社会化研究的基础。

第一节　出国留学：教育国际化的重要途径

随着国家经济实力的增强和人民生活水平的提高，我国已经成为世界上最大的留学生生源国。据教育部统计数据，从 1978 年到 2018 年底，我国出国留学总人数已达 585.71 万人①。近年来，随着我国高等教育国际化的进一步发展，越来越多的中国学生走出国门，到世界各地的学校留学深造。例如，2023 年 11 月发布的《美国门户开放报告》（"Open Doors Report on International Educational Exchange 2023"）显示，2022—2023 学年中国大陆留学生为 289 526 人，中国大陆也连续第 14 年成为美国国际生最大生源地（如表 1.1 所示）。

表 1.1　就读美国各类学校的各地区留学生人数及占比

排名	生源地	学生人数	占比
1	中国大陆	289 526	27.4
2	印度	268 923	25.4
3	韩国	43 847	4.1
4	加拿大	27 876	2.6
5	越南	21 900	2.1
6	中国台湾	21 834	2.1
7	尼日利亚	17 640	1.7
8	日本	16 054	1.5
9	巴西	16 025	1.5

全球化智库与中国银行共同编写的《中国留学发展报告》（2022）指出，当今世界经济持续低迷、新冠肺炎疫情影响深远、地缘政治问题层出不穷。在这样的背景下，令人欣慰的是，国际人才交流继续向前发展。在主要留学人员派出国家中，中国留学生数量高居榜首，中国已成为世界最大的留学生生源国。2019—2020 学年度，中国留学生人数最多的留学目的国依次是美国、英国、加拿大、澳大利亚、法国、俄罗斯、德国、日本、新西兰。而中国留学生在读人数也占据了多个主流留

---

① 数据来源：http://www.moe.gov.cn/jyb_xwfb/gzdt_gzdt/s5987/201903/t20190327_ 375704.html。

学目的国留学生生源比例的榜首位置，包括日本（41.16%）、新西兰（37.74%）、澳大利亚（35.75%）、美国（34.64%）、英国（23.39%）等。在一些国家，如瑞士、瑞典、荷兰等，虽然中国留学生占比未超过10%，但也是这些国家最主要的留学生团体。

随着中国经济的持续发展以及科学研究国际化趋势的扩大，中国学生出国留学的选择也越来越多元化，主要体现为目的地国家选择多元化、专业选择多元化、留学方式多样化、留学层次多样化等。留学逐渐从精英教育演变成大众化教育，自费留学规模日益扩大，工薪阶层留学人数增加。以往大多是大学毕业以后才出国深造，现在更多的人在中学甚至小学就选择出国留学，留学低龄化成为新特点。

出国留学是培养国际化人才的重要渠道，通过在国外大学的专业学习和文化沉浸，留学生不仅能学到专业知识，还能开阔视野、提高外语水平，这对他们今后的就业和发展大有裨益。在欧美国家的大学里，学习并掌握本专业的学术语篇表达范式是学业发展的重要方面，因为学生（尤其是研究生）需要进行大量的口头学术交流活动，比如课堂互动、口头报告、小组讨论、论文研讨等。但是，一些中国留学生由于英语能力不足，尤其是口头学术交流能力较弱，在课堂学习和课外学术活动中不能与老师和同学进行充分、有效的交流，在一定程度上影响了专业学习的收益（Ho，2011）。因此，对留学生口头英语学术交流能力的研究具有重要意义。

第二节　我国高等教育阶段学术英语的教学现状

有学者（Hutchinson & Waters，1987）指出，英语作为外语教学（Teaching English as a Foreign Language，简称 TEFL）有两大类内容。一

类是通用英语（English for General Purposes，简称 EGP），主要目的是帮助学生奠定英语基础，应对各级升学考试，例如中小学英语教学和我国大学目前普遍开设的综合英语课程。另一类是专门用途英语（English for Specific Purposes，简称 ESP），即为特殊目的服务的英语教学。专门用途英语又可分为行业英语（English for Occupational Purposes，简称 EOP）和学术英语（English for Academic Purposes，简称 EAP）。学术英语的教学主要是为大学生用英语从事自己的专业学习和学术活动提供语言和能力支撑，可细分为两种：一种是通用学术英语（English for General Academic Purposes，简称 EGAP），侧重各学科英语中共性的东西，培养学生在专业学习和研究中所需要的学术英语能力，如用英语听讲座、记笔记、查找和阅读文献、撰写论文和参加国际会议；另一种是专门学术英语（English for Specific Academic Purposes，简称 ESAP），侧重特定学科（如计算机英语、医学英语、法律英语等）中的词汇、结构语篇和体裁以及交流的策略和技能培养（Jordan，1997）。学术英语研究专家指出，前者是适合所有专业学生的具有共性的学术英语的教学，后者是适合具体专业的英语及其技能的教学（Dudley-Evans，John，1998）。纵观世界高校的大学英语教学，无论其教学语言是英语（如北美和我国香港的高校）还是母语（如欧洲和日本的高校），其教学内容都是学术英语，通用英语教学基本上都是在中学完成。

蔡基刚（2014b）对学术英语的特点作了总结，认为学术英语的特点主要包括以下五个方面：（1）学术英语以需求为根本，主要目的是满足学生用英语从事专业学习的需求，发展学生学术语言技能；（2）学术英语课通常以内容为依托（content-based instruction），学生在学习科学内容的同时语言能力也得到发展；（3）学术英语以能力为核心，在培养学生听、说、读、写语言技能的同时，更重要的是培养学生独立思考的批判性思维能力；（4）学术英语以学生为中心，教学方法以项目式学习（project-based learning）为主，培养学生的自主学习能力和团队合作能力；（5）学术英语以应用为目的，教学围绕专业学习展开，语言学习是附带的、隐性的。

自 20 世纪 80 年代以来，我国的大学英语教学取得了飞速的发展，但是效率不高的问题一直比较凸出（蔡基刚，2014a）。通常来说，大学英语是高校中最大的一门必修基础课程，虽然总共只有二百多课时，但在大学英语四、六级考试的压力下，大学生在英语学习上花的平均时间超过任何一门专业课程。调查发现，有 65% 以上的大学生用他们全部学习时间的四分之一以上学英语。但是，大学生花了很多时间学习的英语仅能"应试"，难以"应用"。大多数大学毕业生的英语水平只能应对日常生活交际，他们很少能够读懂自己专业方面的文献，能够用英语开展自己的研究或工作的则更少（蔡基刚，陈宁阳，2013）。这说明，尽管我国大学生花很多时间学习英语，大学英语四、六级考试通过率逐年提高，英语听说读写能力有很大改善，但他们在自己专业领域用英语开展学习和工作的能力还较为薄弱。

随着教育、科技、经济等领域国际化趋势的进一步发展，大学生对学术英语的需求也日渐增长。蔡基刚、陈宁阳（2013）对上海 24 所高校的 7000 多名大一新生的问卷调查发现，有近 80% 的新生选择将英语作为"用来汲取和交流专业信息的工具，增强自己在专业领域内的国际交往能力"的工具。在对大三、大四的 3000 多名学生和 200 余位学科专业教师的调查中发现，要求用英语听专业课及讲座的分别为 73.5% 和 83.1%，用英语作口头陈述及交流的分别为 63.4% 和 63.8%，用英语阅读专业文献的分别为 78.1% 和 90.1%，用英语撰写文献综述、摘要、报告或小论文等的分别为 65.8% 和 75.2%。这些数据显示大学生和学科专业教师都希望大学英语能真正"学以致用"。

随着教育国际化的纵深发展，越来越多的中国学生将出国留学视作提升专业素养和语言水平的重要机会和理想方式。出国学习可以为学生提供更多与母语者交流的机会，便于学生在真实的文化背景下实际应用外语，从而使学生在语言的熟练度和跨文化交流能力等方面都得到快速提升。以在英语国家留学的中国学生为例，他们需要具备一定的学术英语能力，能够理解本专业的英文文献，撰写合乎规范的专业论文，与教师和同学用英语交流。然而，调查结果显示，95.6%的中国本科生在大学期间没有受过专门的学术英语训练，本科生主要的学术训练就是撰写本科毕业论文。学生不清楚英语学术写作的格式和规范，缺乏对学术研究方法的掌握，不了解学术会议的基本流程和交流技巧（张萍，2013）。在这样的情况下，出国留学的中国学生如何在英语语境下顺利地进行学术英语交流是一个亟待探究的问题。

第三节　本书内容介绍

本书将以语言社会化理论为基础，考察英语语境下中国留学生学术英语口语能力的发展情况。语言社会化理论形成于 20 世纪七八十年代，历经数十年的发展，语言社会化已经成为独具特色、自成体系的研究领域。该理论关注学习者语言能力的发展与社会文化环境的交互作用，认为语言具有社会组织、文化传承、塑造心理等多种功能，而语言学习过程就是将社会语言活动转化为个体言语的过程，亦即学习者实现个体的社会化的过程（Watson-Gegeo，2004；Ochs，Schieffelin，2008；Duff，2010a，b）。在语言社会化理论视阈下，语言学习不仅仅是接触、纳入和构建语言知识的过程，还是一个包含更多内涵的过程，比如对语言的实际运用、被目标语言共同体认同、身份的构建以及社会文化体验等

（Duff，Kobayashi，2010；Wenger，1998）。

对于在英语国家留学的中国学生来说，作为实践共同体的新成员，他们在新的语言、文化、学术环境中，通过参与实践共同体的活动（如课堂学习、聆听讲座等）以及与实践共同体中的其他成员（如老师、同学等）交流互动，一边学习专业知识，一边提升自己的学术英语应用能力。在这一过程中，他们逐渐从实践共同体的"新手"成长为更有能力、更能发挥核心作用的"老手"，实现社会化的过程（Wenger，1998）。研究者指出，第二语言社会化并非易事，而学术语境下的二语社会化则更是一个艰难的过程（Morita，2004）。

本书以在英语国家的大学学习的中国留学生为研究对象，考察他们在留学语境下口头学术英语语篇的社会化过程。具体而言，我们将探究以下问题：英语语境下，中国留学生口头学术英语的发展状况如何？中国留学生如何融入课堂实践共同体，构建合格的课堂成员身份？留学对他们跨文化能力的发展有什么作用？由于二语口语能力对二语学习者的社会化至关重要，我们还开展了一项口语学习策略培训的实证研究，向学生系统地实施了口语学习策略培训，并对策略培训的有效性进行了考察，以供广大英语学习者在口语学习中参考。

留学语境下二语学习者的语言社会化是一个漫长、复杂的过程，这本小书仅仅探究了冰山一角。这个领域还有大量有趣的、重要的课题等待我们继续探索。

第二章

语言社会化理论简介

What a child can do in cooperation today, he can do alone tomorrow.

— Lev Vygotsky

语言社会化是近年来新兴的多学科交叉研究领域,其研究着眼于语言、文化和社会之间的交互关系,主要考察语言学习者在日常社会互动中如何通过语言使用实现社会化。语言社会化研究把学习者使用的语言结构同其思维行为模式、情感认同及其所处的社会环境等因素关联起来,从新的理论角度重新认识语言习得的本质,解释语言习得过程中出现的问题和表征。本章将介绍语言社会化理论形成的背景及其核心理念以及语言社会化理论的重要概念——实践共同体。

第一节　语言社会化理论提出的背景

语言社会化理论诞生于 20 世纪七八十年代，与当时学术界对语言能力和语言习得的认识有着密切的联系。60 年代中期，乔姆斯基提出"语言能力"（linguistic competence）和"语言运用表现"（linguistic performance）的概念，以区分语言使用者的语言知识和现实中语言的实际运用（Chomsky，1965）。在他看来，语言能力是语言使用者的内在语言知识，是一种远比语言本身抽象的知识体系，并非语言的实际运用能力。乔姆斯基的语言能力观受到不少语言学家和社会学家的批评（Hymes，1972）。海姆斯（Hymes，1972）指出，乔姆斯基的语言能力观忽略了重要的社会文化因素，割裂了语言与社会的关系，因为社会生活不但影响外在语用，也影响内在语言能力。海姆斯（Hymes，1972）提出了语言交际能力（communicative competence）的概念，包括语法知识、心理语言知识、社会文化知识和实际运用的知识四个部分。受海姆斯的语言能力观的影响，更多的学者主张从语言与环境的相互依存关系出发分析和研究语言，把语言的学习和社会文化的适应看作同一过程，即个体的社会化过程。语言学习是在社会互动情境下发生的，语言首先作为社会互动的符号而存在，经过内化才逐渐发展成为个体的言语能力。

另一方面，语言社会化研究也深受维果茨基（Vygotsky，1978）的学习理论影响，强调交际活动中的语言运用在心智功能发展中所起的核心作用。维果茨基认为，语言符号首先是社会的，然后才是心理的，语言能力的形成是在社会支持系统下经过最近发展区（Zone of Proximal Development，简称 ZPD）实现的。维果茨基把语言习得过程看作连接社会语言和心理语言的支架，学习者是复杂的社会认知任务的积极参与者，这一思想对语言社会化理论的形成有着重要的作用（尹洪山，康宁，2009）。

20世纪80年代早期，美国纽约大学人类学系的班比·希费林（Bambi Schieffelin）教授和南加利福尼亚大学语言学系的埃莉诺·奥克斯（Elinor Ochs）教授基于对儿童母语习得的研究，提出了语言社会化理论（Ochs，Schieffelin，1984；Schieffelin，Ochs，1986）。她们认为，语言社会化是每个个体都要经历的过程。在这个过程中，儿童或新成员获得能让他们有效地、恰当地参与某个特定社群社会生活的知识、社会定位以及实践经验。这一过程在很大程度上是通过语言的使用实现的，文化知识通过语言这个重要的符号媒介得以交流并再现、协商并证实、复制并变形。随着该理论的不断发展和完善，一些研究者也开始把语言社会化理论运用于第二语言习得（简称二语习得）研究（Atkinson，Ramanathan，1995；Duff，1995，2002；Willet，1997；Watson-Gegeo，1992，2004；邱洪瑞，2023；史兴松，2016；苏芳，李琛，侯俊霞，2023；周海明，2020），并取得了丰富的研究成果。

历经数十年的发展，社会文化因素在语言习得中的重要作用已得到学术界的普遍认可，越来越多的学者开始从社会文化视角探讨语言习得的认知过程和影响因素，语言社会化理论得到迅速发展，并引起了国际语言学界和教育界的广泛关注和认可。

第二节　语言社会化理论的核心理念

语言社会化理论关注学习者语言能力的发展与社会文化环境的交互作用，认为语言具有社会组织、文化传承、塑造心理等多种功能，而语言学习过程就是将社会语言活动转化为个体言语的过程，亦即学习者实现个体的社会化的过程（Duff, 2010a, b; Ochs, Schieffelin, 2008; Watson-Gegeo, 2004）。根据希费林和奥克斯（Schieffelin, Ochs, 1986）所下的定义，社会化是每个个体（尤其是新手）终生必需经历的。在这一过程中，个体通过语言实践和社会互动，在学习语言知识和提高语言能力的同时，被引入特定的知识、信念、情感、角色、认同等体系，成为有能力的社会成员。

在语言社会化理论视阈下，语言学习不仅仅是接触、纳入和构建语言知识的过程，还是一个包含更多内涵的过程，比如对语言的实际运用、被目标语言共同体认同、个体身份的构建、社会文化体验等（Duff, Kobayashi, 2010; Wenger, 1998）。语言社会化理论的核心理念包括以下五个方面。

第一，语言学习和文化习得同步进行。语言社会化理论认为语言和文化知识彼此构建，互为生存环境，具有不可分割的关系（Duranti, et al., 2008）。语言是文化知识得以交流、协商、论证乃至变迁的象征性媒介，而以文化为基础的社会活动、社会环境和社会行为准则是语言传授和语言学习过程中最强有力的影响因素。因此，语言习得与社会文化知识的习得是同步发展的。学习者通过语言逐渐社会化并在社会化过程中学习语言，在语言实践和社会互动中，学习者不但能获得语言知识、提高语言使用能力，还能习得并内化该语言所承载的价值观、行为方式和社会习俗，从而实现个体的社会化。

第二，社会环境在语言习得中发挥着举足轻重的作用。语言社会化理论主张从语言与环境的相互依存关系出发研究语言，认为语言习得是在高度情景化的社会环境中发生的。也就是说，社会环境是学习者认知发展的重要资源，没有凌驾于环境影响之上的学习（Watson-Gegeo, 2004）。语言学习者带着不同的先前经验、需求和偏好，进入由教师和同伴构建的学习共同体，在共同体内沟通与交流，分享学习资源，完成学习任务，在合作与互动中掌握语言能力并增强文化意识，逐渐从新手成为熟练的语言使用者。因此，语言社会化研究非常关注家庭、社会群体、学校及工作场所的社会文化环境对语言学习者的交际行为产生的影响。

第三，交际互动是语言习得的重要渠道。语言社会化理论深受维果茨基（Vygotsky，1978）的学习理论的影响，认为语言符号首先是社会的，然后才是心理的。言语能力是高级的心理机能，是在特定的历史、政治和社会文化环境中通过具体的交际行为创造、习得、使用并传播的。社会互动过程是语言形成和发展的社会基础，语言学习过程是将社会语言活动转化为个体言语的过程。没有语言符号的社会互动过程，即使有言语的先天潜能也不能将其转化为现实的言语能力。由于被剥夺了社会互动活动而造成个体言语能力丧失的大量个案有力地证明了这一点（钟建军，陈中永，2007）。

第四，语言学习的过程即为学习者在实践共同体中构建"成员身份"的过程。语言社会化理论与情景学习理论（Lave，Wenger，1991）一脉相承，非常关注学习者在实践共同体中"成员身份"（membership）的构建过程。情景学习理论认为，学习（包括语言学习）的本质是一种情景性的社会实践，是通过学习者的合法的边缘性参与（Legitimate Peripheral Participation，简称LPP）而实现的。最初，学习者是实践共同体的新手，没有能力参与共同体中所有的活动，而是作为某些活动的参与者，即"合法的边缘性参与者"。通过一段时间的参与和实践，学习者从比较边缘的、外围的体验和参与逐渐发展到更为核心的、实质性的参与，不断从实践共同体中的专家或前辈那里获得经验、价值、信念与规范，构建自己在共同体中的"成熟成员"的身份和地位。

第五，学习者的自我主体性调控语言社会化的过程。维果茨基（Vygotsky，1978）强调自我的主体性和能动性，认为人的高级心理机能的发展是一个从社会心理层面到个体心理层面的过程，只有积极主动参与社会文化环境中的互动活动才能实现高级心理机能的发展。与维果茨基的观点一脉相承，语言社会化理论认为，学习者不是没有动机和情感的符号加工体系，而是具有丰富的心理倾向性的个体。他们在社会化的过程中不会完全被动地吸收或内化目标文化的交际规范和行为范式，相反，他们会调动主观能动性积极参与自身语言社会化的构建过程。学习者的自我结构、动机信念、期望等因素能激发、调节和维持语言学习过程，并影响其习得的语言形式、习得速度甚至是习得哪一种语言（史兴松，2016）。在新的语言实践中，学习者在学习的同时也充当着交际行为共建者的角色。他们有的会通过同化行为去求同，有的会抵制或重新构建交际行为中的参与模式。

自 20 世纪 80 年代以来，社会文化因素在语言习得中的重要作用得到语言学界和教育界的普遍认可。在语言社会化理论的指导下，研究者在母语习得、二语习得方面进行了大量的研究，取得了丰富的研究成果（如 Morita，2004；Duff，2010a，b；Ho，2011）。

第三节　语言社会化理论的重要概念：
实践共同体

"实践共同体"是语言社会化理论的重要概念，由莱夫和温格（Lave，Wenger）在 1991 年出版的《情景学习：合法的边缘性参与》（*Situated Learning: Legitimate Peripheral Participation*）一书中首次提出。之后在 1998 年出版的专著《实践共同体：学习、意义与认同》

（*Communities of Practice: Learning，Meaning and Identity*）中，温格对这一概念作了进一步阐述并将之系统化。温格指出，"共同体"这一概念不一定是成员共同在场、定义明确、相互认同的团体，也不一定要有看得见的社会性界线。它意味着在一个活动系统中的参与，参与者共享他们对该活动系统的理解，这种理解与他们所进行的行动、该行动在他们生活中的意义以及所在共同体的意义有关。莱夫和温格认为，实践共同体无处不在，我们每个人都属于多个不同的实践共同体，在有的共同体中我们是完全参与者，是核心，在有的共同体中，我们只是处于边缘的位置。正是我们在所有这些共同体中的参与构成了我们的日常生活，并决定了我们的身份。温格（Wenger，1998）和诺顿（Norton，2001）用"老手"（old-timer）和"新手"（new comer）两个词组对实践共同体的成员进行分类。在一个实践共同体中，"新手"通过参与实践活动，与"老手"互动以逐渐实现完全参与，这个过程被称为"合法的边缘性参与"（见图2.1）。这里的"新手"和"老手"不是用来区分成员进入实践共同体的先后顺序，而是按照对它的熟悉和掌握程度分类的。正是合法性（legitimacy）和边缘性（peripherality）使"新手"逐渐参与并掌握该共同体的信息和知识。以英语作为第二语言的课堂为例，教师是有经验的"老手"，学生是"新手"。"新手"在课堂中通过参与课堂活动不断与"老手"互动，逐渐实现"完全参与"，正是这种参与使学生对英语知识的学习成为可能。

温格（Wenger，1998）认为，"实践共同体"是一个整体，不是所有的"共同体"都有"实践"，同时也不是所有的"实践"都可以定义"共同体"。他指出，实践共同体有三要素——相互的介入（mutual engagement）、共同的事业（a joint enterprise）、共享的技艺库（shared repertoire），这三个要素是实践共同体的本质特征。

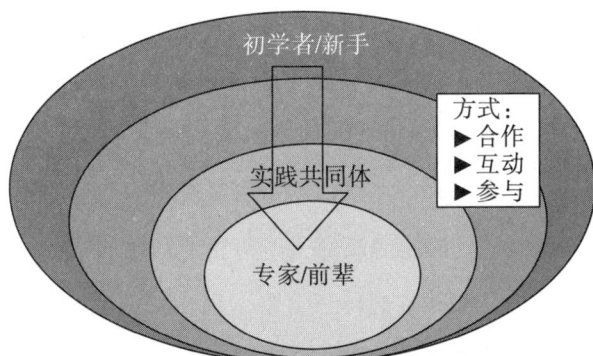

图 2.1 "合法的边缘性参与"模型

（**转引自** Ha & Kim，2014：109）

第一，相互的介入。实践不是抽象的概念，它发生在相互介入的现实关系中，它因为人们参与了各种彼此协商的行为而存在。因此，共同体中成员的关系就是相互介入的关系，人类对实践的参与是意义协商（negotiation of meaning）的过程（Wenger，1998）。实践共同体是以社会关系为基础的，成员的身份不是由社会分工或者人际关系网所决定的，也不是由地理位置上的远近所决定的，而是由相互的介入以及成员间密切的相互交往所决定的，这种"实践"活动使"共同体"成为"实践共同体"。

第二，共同的事业。共同事业的协商是实践共同体的另一个特征。事业的"共同性"并不要求实践共同体的所有成员都必须拥有共同的信念，或者在每一件事情上都达成一致，而是体现为在实践共同体中该事业是经过共同协商的，是共同体成员在实践参与的过程中逐渐确定并发展起来的。共同的事业是共同体的合作之源、意义制定之源、共同介入之源（Wenger，1998）。

第三，共享的技艺库。发展共享的技艺库是实践共同体的第三个特征。共享的技艺库是某一个共同体所共享的一套资源，包括惯例、用语、工具、行事方式、经历、态度、行为、概念等。它们在共同体存在的过程中逐渐产生和应用，进而成为这个共同体中实践的一部分。共享的技艺库使共同体中的实践和资源不断得到发展（赵健，2006；周楠，2011）。共享的技艺库反映了共同体成员共同介入的历史，承载了共同体中的实践，也将在未来的实践活动中反复使用。共享的技艺库既是意义协商的限制因素，同时也是新意义产生所要利用的资源。

对照温格提出的实践共同体三要素，很多研究者和教育专家认为，课堂是典型的实践共同体（赵健，2006；周楠，2011）。以大学课堂为例，在某一个固定的时间，教师和学生来到课堂，共同参与课堂活动，这是"相互的介入"活动。虽然学生们在进入大学前个性、经历、成长背景、对未来的期望以及学习生活中遇到的困难各不相同，他们对大学这个全新的学习环境的应对策略也各有不同，但是他们在同一所大学，在同一个班级，为学习某门课程这样一个"共同的事业"而努力着。教师组织的课堂教学活动，学生参与的课堂学习活动，学生的学习方式以及教师的教学语言、教学方法、课堂组织方式、教育目标是"共享的技艺库"。由此可见，在课堂学习中，教师和学生使用共同的教材，遵守共同的课程设计，从事同样的活动，在取得了共识的技艺库中努力完成提高学生专业知识水平这个共同的事业，即课堂成员（教师和学生）有着共同的事业、共享的技艺库并相互介入共同努力获得学习的进步，所以课堂是一个实践共同体。

对于在英国学习的中国留学生而言，身处英语作为第二语言的学术环境中，英语是他们课堂知识获取与学术交流的通用语（lingua franca）。除了积累专业知识外，他们还面临着提升学术英语能力的挑战。对他们来说，课堂不仅是学习专业知识的地方，也是他们构建身份的重要场所。通过在课堂学习中积极参与教学活动、与教师和同学交流互动，他们能逐渐掌握本专业领域的知识、提升英语能力，同时也能获得深度文化体验（Luke，2003）。

第四节　小结

自 20 世纪 80 年代以来，语言社会化研究历经数十年的发展，已经成为独具特色、自成体系的研究领域。社会化理论强调认知源于人的社会交互作用，因此，构建新的知识体系既是一个认知过程，也是一个社会过程。这种多维视角是对语言习得认知过程复杂性的全新解读，对揭示语言习得的奥秘有着深远的意义。

目前，不少研究者从语言社会化理论出发，研究二语习得的动态复杂过程。语言社会化理论作为一个新的理论视角，对二语习得过程和机制有一定的解释力，但我们在运用语言社会化理论进行二语习得研究时需要注意以下问题。首先，就语言社会化这一概念本身而言，大多数研究者依然沿用希费林和奥克斯（Schieffelin，Ochs，1986）在人类学早期研究中所下的定义。一些学者（Zuengler，Cole，2005）认为，这一定义并没有揭示语言社会化概念所蕴含的深层含义。从广义上说，语言社会化是一个伴随人们终生的过程，不仅限于儿童时期。因此，学者们在把语言社会化概念引入二语习得研究时，应该对其涉及的各种关系和因素进行明确界定，否则，就会因概念的模糊而导致实证研究的解释力被削弱（尹洪山，2011）。其次，二语习得领域的语言社会化研究起步较晚，许多基础性的研究比较薄弱，这一点也得到了语言社会化研究者（如 Watson，Neilsen，2003）的承认。另外，就研究方法而言，语言社会化研究不仅需要对学习者的语料进行微观的分析，发现语言认知的细微变化，而且还要研究宏观的社会文化结构对语言认知的影响。而如何将这两方面的影响结合起来进行研究，是摆在研究者面前的一个挑战。

第三章

口头学术语篇社会化研究述评

The limits of my language are the limits of my world.

— Ludwig Wittgenstein

学术语篇是指学术界特有的思维以及运用语言的方式（Hyland，2009），研究者、学习者通过它掌握知识、传递信息，学术机构则借助它建立研究阵营、引领研究潮流。近年来，学术语篇的社会化开始受到语言学研究者的重视，成为一个新兴的研究领域。在语言社会化理论视阈下，学术语篇不仅仅是一套相对稳定的修辞、体裁或话语规约，更是特定情境下的一种社会构建。学术共同体（academic community）的新成员通过参与学术实践和学术互动，被引入特定的知识、信念、认同等体系，能够表达自己的声音、身份和能动性，就是学术语篇的社会化（Ochs，Schiefflin，2008；Duff，2007，2010b）。

迄今已有不少研究者探讨书面学术语篇的社会化过程和特点（如Spack，1997；Casanave，2002），但是对于口头学术语篇社会化的研究还相对较少，对第二语言使用者口头学术语篇社会化的研究则刚刚拉开帷幕。由于当今教育和学术领域国际化的日益发展，二语口头学术交流互动越来越普遍，二语学习者口头学术语篇的运用能力被视为其学术素养的重要指标（Duff，2012），二语口头学术语篇的社会化也引起了越来越多研究者的关注。本章将介绍学术语篇研究的发展历程，对国内外二语口头学术语篇社会化的研究进行述评，介绍该领域的主要研究课题、研究方法和研究成果以及今后的研究趋势。

第一节　语言社会化：学术语篇研究的新视角

20 世纪 70 年代以来，国外学者对"学术语篇"（academic discourse）或"科学语篇"（scientific discourse）的关注程度与日俱增，目前相关研究已经在语料库语言学、应用语言学、人类学、心理学和社会学等诸多研究领域取得重要的一席之地（姜亚军，赵刚，2006）。由于学术语篇研究的迅速发展，这些领域的学者已经对学术语篇的生成、微观和宏观信息结构、语言结构、理解机制、历史演变、第一语言和第二语言学术语篇教学以及语篇和认知的关系等重要问题进行了较为系统的探索。对学术语篇的语言学研究虽然只有二十余年的历史，但同样表现出研究的多视角性和跨学科性。

20 世纪 80 年代中期以前，学术语篇研究主要在语言学领域以外的其他多个学科展开，因而被称为"科学修辞学"（rhetoric of science）、"研究修辞学"（rhetoric of inquiry）或"学科写作研究"（writing in the disciplines）（姜亚军，赵刚，2006）。人类学家历来关注语言和文化在权力形成和维持中的作用，这种关注在 70 年代形成对人类学学科基础的自我反省，一大批研究成果应运而生（Clifford，Marcus，1986）。这个时期，社会学家古斯菲尔德（Gusfield，1976）也首创了对社会学的修辞学研究，引发了社会学家对语篇与知识关系的思考，出现了阿特金森（Atkinson，1992）、贝克尔（Becker，1986）等有影响力的研究者。对经济学等领域语篇的研究也同时展开，例如达德利－埃文斯和亨德森（Dudley-Evans & Henderson，1990）等对经济学教材和经济学经典文献进行了较为系统的探讨。

相比之下，语言学家对学术语篇的兴趣似乎要来得晚一些。这主要是因为从结构主义到转换生成语法，现代主流语言学基本上是一种"句子语法"，从而脱离了源远流长、被称为"篇章语言学的先驱"的修辞学和文体学（钱敏汝，2001：5）。尽管从60年代起，出现了德·布格兰德和德雷斯勒（de Beaugrande，Dressler，1981）等重要的语篇研究者，但一直没有形成"像以句子那样的语言单位为研究对象的传统语言学那样的统一的研究方法"（de Beaugrande，Dressler，1981：14）。80年代末以来，随着语篇研究的不断深入和语料库语言学的兴起，对学术语篇的语言研究迅速展开，在短短的十余年时间内，形成了以斯韦尔斯（Swales，1990）为代表的"体裁分析法"（genre analysis）、以拜伯（Biber，1988）为代表的学术语篇的"多维分析法"（multidimensional analysis）、以韩礼德的系统功能语法为出发点的分析方法（Halliday，Martin，1993）等主要的研究流派。

学界对书面学术语篇的研究非常丰富，近年来，一些学者开始关注口头学术语篇研究（Duff，2007）。典型的口头学术语篇包括演讲、小组项目、讲座或授课、课堂讨论、学位论文答辩、学术会议问答、教师与学生之间或学生与学生之间的互动等（黑玉琴，黑玉芬，2012）。例如，乔毛伊（Csomay，2005）分析了讲座中的话轮转换和互动程度以及课堂上的语言差异，发现互动特征是造成语言差异的主要原因。弗劳尔迪（Flowerdew，2005）分析了香港学术英语课程中的课堂演讲，认为这种学习活动能赋予学生更多的主动性，更有助于学生提高口头学术语篇运用能力。林贝格（Limberg，2007）则探讨了大学办公时间内师生的交流互动，对其中的学术言语事件进行了深入考察。

20 世纪 90 年代以来，语言社会化理论兴起并不断发展，成为口头学术语篇研究的新视角。在语言社会化理论视阈下，学术语篇是学术识读能力的发展、语言社会化以及参与社团实践的重要媒介（Lave，Wenger，1991）。研究者以社会文化视角和互动为核心，将语言社会化的原则应用到学术语篇的研究中，充分考虑学术语篇社会化过程的动态性、情景性、社会性以及文化性，考察初学者如何通过"学徒身份"（apprenticeship）逐渐掌握学术语篇知识（Duff，2010b）。下文将对口头学术语篇社会化的相关研究进行述评。

第二节　口头学术语篇社会化实证研究

一、母语口头学术语篇社会化研究

如前所述，希费林和奥克斯在 20 世纪 80 年代进行了儿童语言社会化的研究，其著作《跨文化语言社会化》（*Language Socialization across Cultures*）（Schieffelin，Ochs，1986）可谓语言社会化研究的经典之作。她们研究了儿童如何通过观察成人的语言并在成人的提示和点拨下，学会在适当的语境中使用得体、恰当的语言进行日常交际，实施一些程式化的言语行为，比如问候、请求、话轮转换等。她们发现，儿童会本能地使用创新性的语言，创造出一些新的用法和语言表达方式，并通过这种方式来增进与同龄人之间的沟通和团结。达夫（Duff，1995）以匈牙利某所中学的学生为研究对象，探讨他们如何在多模态、多语种的学校的教学环境中，通过教师授课、学生背诵和口头演示的方式，在学习知识的过程中逐渐适应新的学术话语规约、融入新的学习环境。

特雷西（Tracy，1997）的研究则是以成人母语口头学术语篇的社会化为焦点。该研究历时两年，收集了美国两所大学传媒专业每周一次的学术讨论会的语料，深入分析了参与讨论会的研究生、旁听人员、教师在学术交流中碰到的问题以及他们解决这些问题的策略，并探讨了参与者的性别、学术头衔级别等因素在其中的作用。作者指出，学术讨论会中既有客观的、语境依存度较低的语言和互动，也有较为主观的、语境依存度较高的语言和互动。但总体而言，学术讨论往往处于充满矛盾和对立的困境之中，是参与者口头表达能力和文化修养融汇作用的复杂过程。

口头学术交流的一个重要特点是，一位发言人结束发言后，通常就会有听众对其所陈述的内容进行及时的、公开的反馈，以进行评论、批判、澄清疑点或给予建议。基于口头学术语篇的这一特点，雅可比（Jacoby，1998）以物理专业的博士生和博士后研究人员为研究对象，探讨了学术会议发言前的预演（conference talk rehearsal）在他们专业社会化（professional socialization）中所起的作用。该研究重点关注发言人完成发言预演后的问答和评论环节。作者发现，很多时候听众的评论和提问并不仅仅是针对刚完成的发言所进行的，而是"在传递一些在学术交流中普遍适用的原则，比如学术会议发言的文体特点、语言规范、学术道德等"（Jacoby，1998：364）。

可以看出，目前母语口头学术语篇社会化研究的广度和深度在不断增加，已经从最初对儿童在学校教育环境中的语言社会化研究，扩展到成人在学术场合或专业场所口头学术语篇的社会化研究。

二、二语口头学术语篇社会化的主要议题及研究成果

20 世纪末以来，在语言社会化理论指导下，研究者在二语学术语篇的社会化方面进行了很多研究，取得了丰富的研究成果（Duranti et al.，2008；Duff，2010a）。近年来，由于学术领域国际化趋势的发展，二语口头学术语篇的社会化研究成为一个备受关注的课题。

二语口头学术语篇的社会化研究关注的中心议题是，二语学习者作为学术共同体的新成员，如何通过参与学术实践和学术交流互动，成为共同体中有能力的成员，表达自己的声音、身份和能动性（Duff，2007）。根据相关研究侧重点的不同，本节将从以下几个方面对二语口头学术语篇的社会化研究进行评介。

（一）二语口头学术语篇的学习需求和态度研究

早期的二语口头学术语篇社会化的研究主要是通过问卷调查的方式，探讨学习者的交际需求以及他们对课堂口语互动的感受和评价（如 Ferris，Tagg，1996；Ferris，1998；Flowerdew，1995）。这些研究主要关注二语学习者在学术环境下的理解、记忆和记笔记的能力以及教师课堂话语的语言特征。比如，费里斯等学者从需求分析的角度（Ferris，Tagg，1996；Ferris，1998），通过大规模问卷调查，研究二语学习者在口头学术语篇学习和使用中的困难及需求。他们发现，受调查的学生普遍认为自己在聆听教师授课、参与小规模的小组讨论等方面基本没有问题，但是多达65%~75%的学生表示他们在使用第二语言进行口头演示汇报、参与人数较多的讨论和辩论时，"总是"或"时常"觉得有困难。

除了问卷调查，研究者也采取民族志研究（ethnographic research）的多种方法，如访谈、课堂观察等，深入了解学习者对外语课堂中师生

口头互动的信念和态度（Kim，2006；Morell，2007）。例如，莫雷尔（Morell，2007）的研究显示，学习者认为影响他们在课堂上用第二语言进行交流的主要因素包括课堂活动的类型、话题的趣味性、教师的鼓励和推动、课堂气氛的活跃程度等。莫雷尔还发现，能够有效激发学生参与课堂互动的教师具有三个明显的特点：授课时语言清楚、语速较慢；以问题为引导进行授课；乐于分享个人经历或见解，多予学生鼓励和正面的反馈。莫雷尔指出，只有充分考虑学生、教师和语境的因素，才能有效促进课堂二语互动，提高学生的口头学术表达能力。

上述研究主要探讨二语学习者口头学术语篇的学习需求，尚未涉及口头学术语篇社会化的具体过程。近年来，更多的研究者开始聚焦高等教育阶段的二语学习者，通过现场观察、录音、访谈等手段收集数据，使用话语分析的方法，对学习者学术身份的构建过程及其实现社会化的媒介等课题进行探讨（如 Duff，2002；Kobayashi，2003；Morita，2000，2004；Zappa-Hollman，2007）。

（二）不同学术活动中二语学习者口头学术语篇的社会化

现代教育环境中，课堂口头报告、小组项目任务和课堂讨论等活动在教学中的重要性越来越凸显，成为语言社会化学者的研究热点（如 Duff，1995，2012；Tracy，1997；Morita，2000；Zappa-Hollman，2007；Duff，Kobayashi，2010；Kobayashi，2016）。从某种意义上来说，对口头表达的强调反映了在现实世界的知识构建和知识共享过程中，协作和沟通（而不仅仅是课本知识或理论知识）的重要性。在这些新的语篇共同体中，学生需要以他们的社会互动技能和学术语篇知识为基础，参与各种口头的协作活动。下文将对不同学术活动中二语学习者口头学术语篇社会化的研究进行述评。

1. 口头学术报告

口头学术报告（oral academic presentations，简称 OAPs）是二语社

会化中研究最多的口头学术活动之一（Morita，2000；Kobayashi，2003；Zappa-Hollman，2007；Mahfoodh，2014；Baumgarten，2016）。例如，森田（Morita，2000）从语言社会化的角度，对加拿大某大学的英语作为第二语言教学（Teaching English as a Second Language，简称TESL）项目进行了为期8个月的研究，调查学生在课程学习中如何学会所需的口头学术语篇运用技能并成功地进行口头学术报告。森田通过课堂观察、录像、访谈和问卷调查等手段收集数据，有两个主要发现。首先，通过和导师及同学进行"准备、观察、展示和评价"的系列活动，非英语母语和英语母语的学生都逐渐以学徒的方式掌握口头学术语篇（Morita，2000：279）。其次，口头学术报告虽然通常被认为是一种常见的、简单的学习活动，但实际上是一种复杂的认知和社会语言现象。基于这些发现，森田认为学术话语社会化应该被视为一个复杂的、充满冲突的协商过程，而不是一个可预测的、单向的文化涵化（enculturation）过程。

扎帕–霍尔曼（Zappa-Hollman，2007）同样聚焦口头学术报告，研究了加拿大一所大学6名非英语母语的研究生口头学术语篇的社会化过程。与森田（Morita，2000）的研究一样，该研究考察了学生在准备和进行学术报告时面临的挑战和采取的应对策略，从而揭示了口头学术报告的复杂性。该研究发现，非英语母语的学生在准备口头学术报告的过程中，用于阅读材料和制作幻灯片等活动的时间，比英语母语的学生平均多30%。他们认为这主要是由于自己英语水平有限，因此用英语准备学术报告比用母语要花费更多的时间和精力。即使英语能力较好的学生也认为口头学术报告任务困难，他们觉得"用英语做报告比用母语做报告更令人紧张"（Zappa-Hollman，2007：470），而以英语为母语的学生在进行口头学术报告时则更加放松、自然。此外，学生们普遍认为即兴发言非常具有挑战性，因为他们从未接受过在学术语境下进行对话的训练。

该研究还讨论了口头学术报告中国际学生普遍感到困难的问答环节。扎帕－霍尔曼（Zappa-Hollman，2007）指出，对于展示部分，学生可以提前进行准备并反复练习，展示时还可以参看脚本或幻灯片，但是提问环节的不可预测性令人紧张，他们在语言产出和理解方面都容易出错。尽管存在这些挑战，扎帕－霍尔曼发现，在口头学术展示的准备和进行过程中，学生会充分发挥他们的能动性，采取一系列应对策略。例如，准备策略包括"选择熟悉的话题""避免听众不感兴趣的内容""准备提纲或脚本""排练"等（Zappa-Hollman，2007：476），演讲策略则包括"慢速演讲""吸引听众""选择成为第一批演讲者"（Zappa-Hollman，2007：477）。使用这些策略有助于学生顺利完成口头学术报告任务。

2. 课堂讨论

除了口头学术报告外，课堂讨论是学术语言社会化研究中另一种备受学者关注的学习活动（Buraelski，Howard，2020；兰良平，黄伟喜，2022；苏芳，杨鲁新，2021；姚春林，2023）。基于实践共同体的概念，森田（Morita，2004）研究了加拿大某大学的6名日本留学生如何通过参与课堂讨论，构建他们在新的课堂实践共同体中的成员资格。研究结果表明，首先，学生在参与课堂讨论时，面临着协商、构建个人身份和权力关系的挑战。这对于他们参与课堂实践共同体的活动，并被看作其中合法的、有能力的成员不仅是重要的，也是必要的。其次，学生在参与课堂讨论的过程中，充分发挥自己的个人能动性，不断调整自己的学习和参与过程。最后，该研究还讨论了学生在课堂讨论中沉默的原因。例如，三个学生分别表示"我感觉好像来自另一个星球"，"我的沉默有不同的含义"，"我觉得我不能问他们愚蠢的问题"（Morita，2004：

587，594）。基于上述发现，森田从概念和实践两个层面提出对教学的建议。在概念层面，他认为我们必须认识到课堂参与和互动的本质是进行社会身份构建，课堂实践共同体应该充分认可二语学生和母语学生所拥有的知识和文化资源，承认他们对课堂活动的独特贡献。在实践层面，第一，教师应运用一些策略来帮助二语学生理解课堂讨论，为他们参与课堂活动做好准备；第二，对参与课堂互动有困难或在讨论中处于边缘位置的二语学习者，教师应给予他们更多的空间，让他们的边缘性参与合法化；第三，教师在教学中采用不同类型的课堂活动，如小组活动等，能够激发有不同需求或不同互动方式的学生参与课堂活动。

何（Ho，2007）以美国某所大学就读 TESOL（Teaching English to Speakers of Other Languages，面向非英语母语者的英语教学）专业和应用语言学专业的中国和美国研究生为研究对象，考察了他们在一门教学法课程中如何通过小组讨论和微型教学环节实现社会化。该研究表明，通过情景化地构建教学场景和专业知识，学生逐渐融入了 TESOL 专业的学术语篇体系。学生能够利用他们独特的经验和专长，构建起专家或新手的身份。通过小组活动，学生在自己原有的外语教学和学习经验的基础上，不断与教材和课程中所讲的概念和理论建立联系，这有助于学生的专业发展。通过对访谈数据的分析，该研究还发现，学生的性格以及课堂活动的类型对学生的互动和参与的影响非常大，超过了学生已有教学经验的丰富程度以及他们是否是英语母语者等因素的影响。此外，该研究揭示了学术语言社会化过程的复杂性、不可预测性和双向性，在这个过程中，新手和老手"不仅相互学习，而且相互影响"（Ho，2007：4）。中国学者史兴松（Shi，2010）从语言社会化和跨文化交际的角度，考察了一名中国工商管理专业的硕士研究生在美国谈判课上的跨文化语言社会化情况。该研究发现，一个人之前的学术社会化经历很有可能会影响其在跨文化学术语言社会化中的轨迹。

3. 小组项目

除了口头学术报告和课堂讨论外，小组项目在高等教育中也是一项重要的学术活动。贝克特（Beckett，2005）认为，基于项目的教学是"一种能最有效促进学生社会化、使其掌握学术语言和读写技能的活动"（Beckett，2005：191）。该研究以移民到加拿大的中学生为研究对象，考察他们在一所公立学校中如何实现社会化、发展学术英语能力和读写技能。贝克特指出，虽然人们普遍认为小组项目是一个很好的教学活动，有益于英语作为第二语言的教学、主题内容的学习和识读能力的培养，但是学生对小组活动的看法并不全是积极的。贝克特发现，在73名参与者中，只有不到18%的人表示喜欢基于项目的教学，25%的人不置可否，其余57%的人则持负面看法。该研究发现，造成这种结果的主要原因是教师和学生对小组项目缺乏统一的看法，而且该研究中所涉及的项目对学生来说难度太大。因此，贝克特认为，研究人员和教育工作者不应简单地判断基于项目的教学对语言学习和学术素养的社会化是有益还是无益。在实际教学中，教师可以通过与学生、同事、学生家长和研究人员反复商讨来解决基于项目的教学中遇到的困难和冲突。

同样，莱基（Leki，2001）研究了两位非英语母语的学生参与某课程的小组项目的经历。基于实践共同体的概念，该研究发现，学生在小组项目中所建立的特定学术和社会关系可能会削弱非英语母语的学生为小组项目做出有意义的贡献的能力。该研究显示，非英语母语的学生若要全面参与（而不是边缘性参与）实践共同体的活动，需要在项目中扮演从属的角色。非英语母语的学生和英语母语的学生之间的权力差异，由于他们英语能力的局限而被放大了，会阻碍非英语母语的学生参与实践共同体中的社会和学术互动。然而，莱基发现，小组项目中存在的这些问题却未引起任课教师的关注。与森田（Morita，2000）的研究一致，莱基也强调教师在让二语学习者的参与合法化方面发挥着重要作用。

4. 多维空间内的学术语篇社会化

上面讨论的研究主要是探讨学生在某类学术活动中的社会化过程，另一些研究则没有把重点放在某一类学术活动上，而是通过学生的话语实践（discursive practices）来探索、描述和解释二语学习者学术语言的社会化过程。例如，塞洛尼（Seloni，2012）基于课外讨论和学生访谈数据，调查了 6 名多语种一年级博士生的学术社会化过程。塞洛尼认为，这是一个积累学术知识的过程，也是构建社会关系的过程。研究结果表明，学生融入学术语篇共同体的过程是复杂的、多层次的。在这个过程中，学生互相协作、共同构建意义，并参与课堂之外的互动交流，以学习如何成为自己所在的学术领域的合法参与者。该研究还表明，这些学生的社会化过程发生在三个空间，即"日常的接触空间、学院的空间以及合作的学术文化氛围"（Seloni，2012：47）。塞洛尼认为，这些社会化空间为学生提供了一个"安全港"，在这里他们能够应对博士第一年的学术实践挑战，并努力成为自己所在学科的博士生共同体中善于反思的参与者。

与塞洛尼（Seloni，2012）的研究相似，索尔塔尼（Soltani，2018）也在三个社会空间中考察了国际学生的学术语言社会化过程，她称之为"物质/感知空间、构想/想象空间和个人的生活空间"（Soltani，2018：23）。该研究是在新西兰的一所大学进行的，其中，"物质/感知空间"代表参与者可见、可及的学院和教室等空间；"构想/想象空间"则是更抽象的层面，包括大学的职能是什么、大学应该是什么样子、大学应该如何教育学生等理念，涉及政策、教学材料、成绩、各方支持等因素；"个人的生活空间"则是一个社交空间，学生与他人交流互动。研究结果表明，学生在三个社会空间中表现出三种不同的参与模式。例如，某位学生在"学术英语"课程中，表现为一个积极的参与者；在社交生活空间中，则是一个沉默的参与者；在课堂和网络空间中，他时而沉默时而活跃，在"沉默""活跃"间不停切换。索尔塔尼认为，了解社会空间的各个方面可以使研究者、教育工作者、政策制定者和教师重新审视"空间"这一概念，将其作为有利于二语学习的积极、动态的因素。

乌米诺和本森（Umino，Benson，2016）的研究也是从实践共同体的理念出发，但在研究方法上另辟蹊径，为二语社会化研究提供了一种新思路。该研究没有采用社会化研究中常见的民族志研究法，如录音、录像、观察、访谈、记录日志等，而是采用了照片诱发法（a photo-elicitation approach），对一名在日本留学的印度尼西亚学生进行了长达四年的个案追踪研究。结果表明，在由国际学生和日本教工组成的实践共同体中，最初由于该学生在实践共同体中只能进行边缘性参与，他用日语进行互动交流的机会非常有限。然而，四年的学习快结束时，他已经成功地构建了一个非正式的实践共同体，该共同体主要由他的日本朋友组成，他们与他进行交流互动、助力他的语言发展，他也成为该共同体的核心参与者。该研究详细探讨了该学生早期在实践共同体中边缘性参与的经历对他后来成长为核心参与者所起的支撑作用。这项研究的独特之处在于，研究者将这名学生在四年的时间里所拍摄的照片，作为他参与实践共同体活动的证据，并基于此对该学生语言社会化的过程进行分析。在二语社会化研究中，这种做法无疑是具有创新性的。

（三）二语口头学术语篇与学习者学术身份的构建研究

学术身份构建指的是个体通过参与学术共同体的活动以及与共同体中其他成员的互动，在共同体中的定位逐渐从边缘、新手的位置向核心、专家的位置移动的过程（Jacoby，1998；Fujieda，2015）。在这一过程中，学习者口头学术语篇能力发挥的作用不可小觑，是其专业学术身份构建的重要保障。

为了揭示二语学习者口头学术语篇能力的发展和学术身份的构建过程，研究者往往整合民族志、社会语言学、语篇分析等多种研究方法，进行深入的个案研究（Morita，2000，2009；Vickers，2007；Fujieda，2015）。由于课堂教学是高等教育不可或缺的组成部分，也是学术交流和互动的重要阵地，所以不少研究者以到英语国家学习的外国留学生为研究对象，考察他们在课堂教学环境中二语口头学术语篇的发展及学术身份的构建过程（如 Morita，2000，2004；Ho，2011）。比如，森田（Morita，2000）以在加拿大学习的日本女生为受试，探讨她们参与课堂讨论的情况以及影响其口头学术交流的因素。森田发现，有诸多因素影响受试在课堂上的表现，比如受试对自己身份的定位以及任课教师和同学对她们的定位。受这些因素的影响，受试在课堂讨论中展现出不同的能动性，最终导致她们英语口头学术交流能力的发展不尽相同。

语言社会化理论认为，学习者通过语言实现社会化并且在社会化的过程中学习语言（Duranti et al.，2008）。二语学习者口头学术语篇的社会化过程为这一观点提供了有力的支撑。比如，何（Ho，2011）以在美国攻读英语教育专业硕士学位的研究生（包括 4 名英语母语者和 6 名非英语母语者）为受试，研究他们在课堂小组讨论中口头学术语篇的社会化过程。何发现，受试会运用多种策略在小组讨论中建立自己的专业身份。比如，在他们不具备英语教学的实际经验的情况下，他们会使用"身份迁移"策略，把自己作为外语学习者的经验迁移过来，以佐证他们对外语教学的某些看法和观点。此外，受试在小组讨论中会借助认知标记词（epistemic markers，如"I think"）来构建自己的学术权威性。正如奥克斯所言："掌握认知标记词是语言社会化的一个重要表征，因为新手必须学会使用恰当的表达方式展示自己的专业能力，以此获得共同体中其他成员的认可。"（Ochs，1993；转引自 Morita，2000：289）

上述研究聚焦课堂环境下的二语口头学术语篇社会化过程，重点考察二语学习者在各种学术交流活动中（如口头学术报告、课堂讨论等）为构建学术身份、融入学术共同体而采取的策略和措施。值得一提的是，除了高等教育环境下二语口头学术语篇的社会化研究，也有一些学者关注专业技术人员的二语口头学术语篇的发展及其专业身份的构建过程（如 Vickers，2007；Duff，2010b）。维克斯（Vickers，2007）以在美国进修的外国工程师为研究对象，对他们在项目讨论会中的参与情况及其所展现的专业能力进行了分析。他发现，技术能力更强的学员最初承担了信息提供者和诠释者的角色，接受技术能力稍弱的学员的询问和求助。随着时间的推移，技术能力稍弱的学员通过观察和实践掌握了更多的技术，增强了信心，也逐渐成为信息提供者，并且"像熟练的工程师一样思考、设计和谈话"（Vickers，2007：637）。维克斯还发现，二语口头学术语篇能力的发展与学术身份的构建并不是齐头并进的，有的学员在自己的学术表达能力还未发展到专家水平之时，就已经把自己作为学术共同体中"有能力的、专家级的、核心的"成员来行事了（Vickers，2007：637）。

（四）二语学习者口头学术语篇社会化的媒介研究

毋庸置疑，二语学习者是实现语言社会化的主体。他们作为实践共同体中的新成员，在更有经验的成员的帮助下，逐渐增强语言能力，同时被引入共同体所认可的知识、信念、行为等体系。因此，语言社会化研究的一个重要课题就是探讨学习者实现社会化的媒介（agents），即帮助学习者实现社会化的团体和个人。

研究者普遍认为教师在二语学习者口头学术语篇社会化中发挥着重要的作用（如 Duff，2007），但是这方面的实证研究尚不多见。近几年来，一些研究对任课教师和导师在二语口头学术语篇社会化中的媒介作用进行了探讨。比如，埃里克森和马基塔洛（Eriksson，Makitalo，2013）以瑞典某大学环境工程专业的一位教师及其指导的一位外国学生为研究对象，对他们一对一的专业指导进行了多模态话语分析，揭示了教师如何通过援引和分析该领域的相关文献，引导学生逐步理解、掌握并能使用该领域惯用的思维逻辑和表达范式。张和斯珀林（Chang，Sperling，2014）的个案研究也发现，课堂教学中，在学生发言结束后，教师会经常重复学生的发言内容，并进行一定的延伸，以此给学生进行示范，帮助他们提升发言质量，使得发言内容更为全面、论证更为充分、语言更为得当。

　　教师无疑是二语学习者口头学术语篇社会化的重要媒介，但是学习者和教师交流的时间毕竟有限。相比之下，二语学习者在课堂内外均有大量的机会和同伴进行交流互动，因此同伴也是学习者实现口头学术语篇社会化不可或缺的媒介（Duff，Kobayashi，2010；Ho，2011；Zappa-Hollman，Duff，2015）。小林（Kobayashi，2004）以在加拿大学习的日本本科生为研究对象，运用交际民族志的研究方法，考察他们完成期末团队合作项目的过程。这些受试通过反复的讨论和预演，互相学习、协同合作，最终不但成功地完成了团队项目，在课堂上进行了英语演示，还积累了语言社会化的经验。

　　为了对二语学术语篇社会化的媒介进行全面的描述，近年来研究者们更加关注学习者所处的社会网络及其在社会网络中的互动方式，提出了"个人实践网络"（individual network of practice）的概念（Dewey，et al.，2013；Zappa-Hollman，Duff，2015）。扎帕－霍尔曼和达夫（Zappa-Hollman，Duff，2015）指出，学习者置身于社会化过程的中心，其所处的实践共同体以及与其发生互动的个体，从不同角度、以不同方式作用于其语言社会化的过程，共同构成了学习者的个人实践网络。扎帕－霍尔曼和达夫（2015）对三位在美国留学的墨西哥籍大学生进行了为期一年的个案研究，运用访谈、个人日志、问卷调查等多种方式收集数据，绘制出三位受试在学术语篇社会化过程中的个人实践网络图。

图 3.1 为受试 Liliana 的个人实践网络图，其中包括 8 个社会团组、25 个重要联系人和 45 条网络链接。

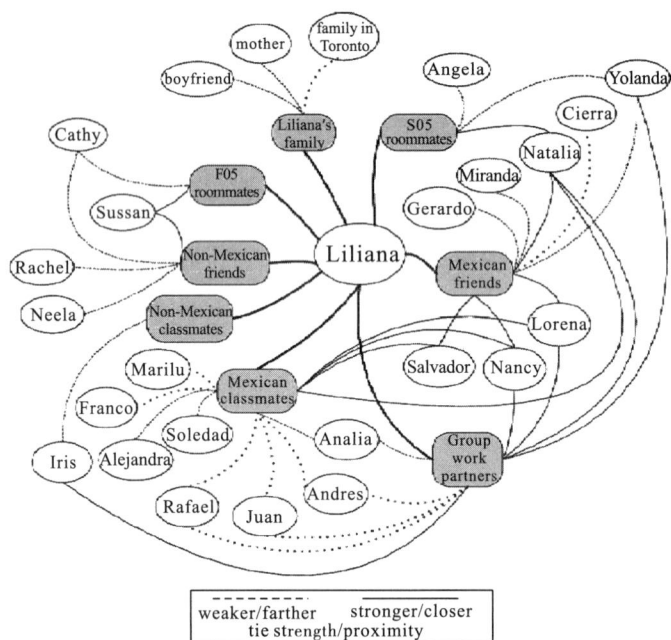

图 3.1   受试 Liliana 的个人实践网络图

（Zappa-Hollman，Duff，2015：347）

扎帕-霍尔曼和达夫（Zappa-Hollman，Duff，2015）指出，个人实践网络能够深入揭示个体社会化的复杂过程，是对语言社会化进行定性的精准研究的有效手段。但是，目前对于二语学习者口头学术语篇社会化中个人实践网络的研究还比较少见，亟待研究者进行深入探索和挖掘。

（五）网络环境下二语学术互动研究

随着计算机技术的迅速发展和多媒体设备的广泛使用，互联网成为学术交流的前沿阵地，人们可以不受时间和空间的约束获取最新的学术信息、分享学术成果。目前网络环境下的二语学术互动以文字形式居多，比如研究者或学生在网络学术论坛、课程中心论坛上进行的讨论等。由于网络环境下的二语学术交流具有即时性、口语化的特点，本书也将其纳入讨论。

严（Yim，2011）研究了加拿大某所大学的几门硕士课程中计算机辅助交际（Computer Mediated Communication，简称 CMC）系统的使用及其在培养二语学术交流能力中的作用。通过计算机辅助交际系统，师生传递知识、发表见解、寻求帮助，涉及一系列言语行为，比如问候、致谢、道歉等。严发现，有的教师要求学生的语言必须学术化、措辞严谨并紧扣课程内容，导致学生交际压力大、交流的内容少，有的学生甚至对教师的要求产生了抵触情绪。反之，有的教师则营造了较为宽松、非正式的互动氛围，激发了学生的能动性，使学生愿意进行交流互动，从而有效地掌握更为多元化的语用表达方式，融入由课程师生共同组成的学术共同体。值得一提的是，教师虽然也提供了语言上的指导和帮助，但是严发现大部分学生是通过观察同伴的互动风格和表达方式学会如何在计算机辅助交际系统中参与讨论的。

同样，波茨（Potts，2005）的研究也发现，无论学生是母语使用者还是二语使用者，他们在网络课程中心的论坛中参与讨论互动时，都会努力调整自己的定位和表现，以融入课程的学术共同体，构建自己专业、博学的学术形象。由于学生对课程所要求的学术范式还不熟悉，因此他们在论坛上发言时会刻意注意同学的发言，并分析、借鉴、模仿同学的发言。波茨指出，这是学生共同实现学术语篇社会化、构建学术身份的表现。

如达夫（Duff，2010b：184）所言，现代社会中网络上的互动合作、以电子设备为媒介进行教学已经成为常态，因此探讨学习者如何参与各种形式的在线讨论以及在线讨论在学习者学术素养和语篇社会化中所起的作用具有重要的研究价值。

三、口头学术语篇社会化的研究方法

语言社会化理论借鉴了人类学和社会学的研究方法，强调在自然的状态下通过细微的观察获得研究所需的语料，并在此基础上进行定性的分析和研究。其优势在于，研究者能够更加直接地从当事人的视角描述语言社会化现象，有利于发现学习者在个体社会化过程中的语言发展和变化趋势（尹洪山，康宁，2009）。因此，研究者通常采用民族志研究的方式，进行大量的田野调查，通过现场观察、录音、受试撰写语言学习日志和研究者对受试的访谈等手段收集数据，并使用话语分析的方法研究学习者口头学术语篇的使用，从当事人的视角描述语言社会化现象，揭示学习者在个体社会化过程中的语言发展和变化趋势。一般而言，这类定性研究选取的受试对象数量有限，语言聚焦点较小（例如聚焦于语音、词汇、句法），研究者主要对数据进行归纳性的描写和分析。这样的研究具有较高的内部效度，但由于其主观性较强，其信度受到了一些学者的质疑。

但是，研究者指出（Duff，2012；史兴松，2016），语言社会化研究不仅需要对学习者的语料进行微观的分析，发现语言认知的细微变化，而且还要研究宏观的社会文化结构对语言认知的影响。如何将这两方面的影响结合起来进行研究，是摆在研究者面前的一个难题。

第三节　小结

如上所述，研究者从不同角度出发对二语口头学术语篇的社会化进行探讨，在理论探索和实际运用方面均取得了不少成果。但是，由于二语口头学术语篇社会化研究还是一个较新的研究领域，尚有很多未知的

课题亟待探索。

　　首先，就研究对象而言，目前二语口头学术语篇社会化的研究大多以在英语语境下的英语二语学习者为研究对象，以在外语语境中的英语学习者为受试进行的研究还不多，而探讨中国英语学习者在英语语境下英语口头学术语篇社会化的研究则更为鲜见。研究者指出，语言社会化不仅能发生在母语和目标语语境下，也能发生在外语语境下（Duff，2014；Fujieda，2015）。以英语为例，除了在英语国家的学习者之外，世界各地有大量的人群学习英语，因此外语语境下英语作为二语的口头学术语篇社会化是一个重要的研究课题。

　　其次，现有的研究主要探讨较为正式的学习环境（如课堂环境）下二语口头学术语篇社会化过程，研究者对于课堂之外的二语学术语篇的社会化研究涉猎还不多（Duff，2010b）。在现实环境中，学习者除了课堂中的学术交流互动之外，往往还同时面对其他学术交流场景（如与导师一对一的讨论、参加学术会议等），需要完成多元化的学术任务。在这种复杂的语境中，学习者如何实现口头学术语篇的社会化、构建自己在学术共同体中的身份，无疑是一个很有价值的研究领域。

　　再次，如达夫（Duff，2010a）所指出的，语言社会化是个体终生都在经历的过程。目前的二语口头学术语篇社会化的研究大多为纵向研究，但是由于客观条件的限制，研究的期限往往较短，大多为一年或两年。因为语言社会化是一个缓慢的过程，今后的研究应该探讨更长的时间区间内二语学习者口头学术语篇的社会化过程。

　　此外，如前所述，学术语篇的社会化是一个动态的、与社会文化因素密切相关的过程（Morita，Kobayashi，2008；Duff，2010b）。但是，现有的研究主要探讨学术语篇社会化的过程及策略，尚未考察跨文化能力在其中所起的作用。此外，口头学术交流活动作为一种典型的语言交际活动，往往涉及大量的套语（formulaic language），比如固定句型、短语搭配等，这些语言结构可以减轻语言使用者在实时交际中的认知负载，并能使语言使用更加地道、符合规范（Wray，2002）。迄今还鲜有研究涉及套语的学习和使用在口头学术语篇社会化中的作用。

最后，在研究方法方面，语言社会化研究强调在自然的状态下通过细微的观察获得研究所需的语料，并在此基础上进行定性的分析和研究（史兴松，2016）。研究者（Duff，2012；史兴松，2016）指出，语言社会化研究不仅需要对学习者的语料进行微观的分析，发现语言认知的细微变化，而且还要研究宏观的社会文化结构对语言认知的影响。如何将宏观和微观这两个层面结合起来进行研究，也是研究者需要认真思考的问题。

第 四 章

留学语境下二语学习者口语能力的发展研究

The only weapon that becomes sharper with constant use is the tongue.

— Anonymous

研究表明，二语学习者的口语交流能力是二语口头学术语篇社会化成功的重要因素（Morita，2004）。因此，本章将重点讨论留学语境下二语学习者口语能力的发展。由于跨文化交流能力是留学生必备的重要能力，因此本章也将对留学语境下二语学习者跨文化能力的发展研究进行述评。

第一节　留学语境下的二语习得研究现状

留学语境（Study-Abroad，简称SA）指学生在一段时间内，前往目的语国家留学、生活、居住，并参加以课堂学习为基础的语言或主题内容学习（Freed，1995）。与之相对应的则为以下两种学习语境："国内学习语境"（At Home，简称 AH），指学生在国内的学校学习，学习者与外语的接触仅限于课堂；"浸入式学习语境"（Immersion，简称 IM），指学生在国内学习，但学生与外语的接触不仅限于课堂，学生在课外也必须使用外语进行交流（Freed，1995；Freed et al.，2004；Serrano et al.，2011）。

留学语境下的二语习得研究大体可分为两类（吴建设，罗小娜，2016）。第一类是比较研究，主要比较出国留学语境与国内学习语境、浸入式学习语境下，学生外语能力的发展情况（如 Freed et al.，2003；Segalowitz，Freed，2004；Dewey，2004；Cubillos et al.，2008；Llanes，Muňoz，2009；Llanes et al.，2011；Llanes，2012；Llanes et al.，2013；Serrano et al.，2012；Jochum，2014）。总体而言，多数研究发现出国留学语境在一定程度上能够促进学习者二语能力的提高，但也不乏相悖的结论（Freed et al.，2004；Collentine，2004；Díaz-Campos，2004；Serrano et al.，2011）。例如，科伦丁和弗里德的研究指出，并没有证据表明"某种外语学习环境对于所有学生、对于任何语言学习阶段和语言技能来说，都优于其他学习环境"（Collentine，Freed，2004：168）。他们发现，外语教学课堂更有利于学生对句法形态（morphosyntax）知识的掌握；在发音方面，在国内学习的和出国学习的学生都学得很好。然而，在国外学习外语的学生在词汇广度和叙述能力方面比国内的学生更有优势。

第二类研究则为影响研究，主要考察留学语境下影响二语习得的种种因素。目前相关研究所涉及因素主要包括留学时长，语言输入量及课程安排，学习者初始水平及语言接触情况以及学习者认知能力、年龄、动机、自信心、学习焦虑等（Allen，Herron，2003；Freed et al.，2004；

Segalowitz, Freed, 2004；Magnan, Back, 2007；Sasaki, 2009, 2011；Llanes, 2012；Beattie et al., 2014）。

留学语境下二语习得的研究文献非常丰富，这里仅介绍关于口语发展方面的研究。

第二节 留学语境下二语口语发展研究

口语研究一直是过去二十多年来留学语境下二语习得研究的重点课题（吴建设，罗小娜，2016）。相关研究大多采用前测后测对比的方式，考察出国留学前后学习者口语流利度的变化，部分研究还关注口语中语音、语法、词汇以及交际策略使用等方面的发展情况。

一、留学语境下二语口语流利度的发展研究

研究表明，无论所学习的第二语言为法语、西班牙语还是英语，出国留学的学生在口语流利度方面的进步都明显优于在国内学习的学生。弗里德（Freed，1995）对在美国学习法语的学生和在法国的美国留学生的法语学习情况进行了对比，结果表明，在完成相同的口语任务时，留学生的语言产出显著多于国内的学生，而且留学生的语速更快，话语更流畅。托厄尔等人（Towell et al.，1996）以一组到法国留学的英国高级法语学习者为研究对象，同样发现了这些学习者法语流利度提高较快。托厄尔等人认为，平均话轮长度是流利度的重要指标，该指标的提升使得学习者的口语表达更像母语者。他们进一步指出，从信息处理的角度来看，流利度的提高反映了学习者在使用第二语言时程序化（proceduralisation）的程度更高。也就是说，学习者所掌握的有关第二语言如何"运作"的陈述性知识（declarative knowledge）进一步自动

化（automatise）了，这样他们在对这些知识进行实时处理时就会更加顺畅。然而，托厄尔等人也发现，二语学习者在流利度的发展上往往会遇到瓶颈，这是造成他们口语产出的流利程度与母语者有差距的重要原因。

在以西班牙语为第二语言的研究中，塞加洛维茨和弗里德（Segalowitz，Freed，2004）也证明了出国留学有益于二语口语流利度的提高。他们对在美国学习的大学生和在西班牙留学的美国学生进行了一个学期的追踪研究，发现尽管两组学生的口语能力均有提高，但是留学生的提高更明显，具体体现为他们在口语能力测试（Oral Proficiency Interview，简称OPI）中的得分更高、话轮长度更长、口语流利度更高等。该研究的口语流利度包括三个指标：语速、无停顿话语长度（length of speech run without pauses）和最长的流利语段（longest fluent run）。在考察学习者二语口语流利度的发展时，塞加洛维茨和弗里德还对学习者的认知发展状况进行了探究，他们认为认知能力的发展可能是二语学习者口语流利度发展的基础。塞加洛维茨和弗里德对学习者的二语词汇通达能力和注意力控制能力进行了测量，发现无论是在留学语境中还是在国内课堂学习环境中，学习者都在"与流利度相关的认知加工能力"方面有所提升（Segalowitz，Freed，2004：194）。然而，他们也发现，学习者在口语能力测试中的进步与他们在研究刚开始时的词汇处理速度之间存在一定的关系。塞加洛维茨和弗里德总结道："在某种程度上，口语能力的提高可能取决于学习者是否准备好了从现有的学习机会中获益；快速、有效的词汇通达能力，能让学习者的二语口语表达更流畅。"（Segalowitz，Freed，2004：194）

以上研究均以大学生为研究对象，在以儿童为研究对象的研究中，研究人员也得出了类似的结论。利亚内斯（Llanes，2012）以11岁西班牙双语儿童为受试进行研究，结果表明，留学组的学生在各项口语指标上都优于在国内学习的学生，且出国留学对口语的影响是长期、持续的。利亚内斯和穆尼奥斯（Llanes，Muňoz，2013）的研究结果也表明，出国留学的儿童在后测中的口语流利度、句法复杂度、词汇丰富度和准确度均显著高于前测，而在国内学习的儿童前后测则没有显著变化。

在后续研究中，弗里德等人（Freed et al.，2004）就学习环境对二语口语流利度发展的复杂作用进行了更深入的探讨。他们以学习法语的美国学生为研究对象，对出国留学、国内课堂学习和浸入式学习三种语境进行了比较，结果发现，国内浸入式学习环境中的学生法语流利度的提升最多。相比之下，虽然留学生的法语口语流利度的提升比在国内课堂学习的学生更高，但不如浸入式学习的学生那样显著。塞拉诺等人（Serrano et al.，2011）的研究结果也表明，出国留学的学生在外语口语的各指标上都与浸入式学习的学生相似，而在口语流利度及复杂度上显著高于在国内学习的学生。

除口语流利度外，还有一些研究探讨了留学语境下学生的口语词汇和语法、外国口音的发展情况。此类研究表明，留学语境并非在口语发展的任何指标上都优于国内学习语境。例如，科伦丁（Collentine，2004）的研究结果显示，国内课堂学习语境更有利于学生对语法知识点（discrete-point grammar）和词汇的学习，但留学语境则更能促进学生口头叙事能力的提高。迪亚兹－坎波斯（Díaz-Campos，2004）对在美国课堂和在海外留学的学生习得西班牙语音素的情况进行了比较分析，并未发现出国学习比国内的课堂教学有更显著的效果，也就是说，在学习这些音素时，不同学习环境下学习者群体的提高程度是相近的。在发音方面，阿维洛等（Avello et al.，2010）的研究结果显示，3 个月的留学时长能够提高二语学习者语音产出的准确性，改善音段和重音的产出，外国口音的明显程度降低。但是，穆尼奥斯和利亚内斯（Muňoz，Llanes，2014）的研究结果表明，在出国学习语境对外国口音的影响上，出国留学的儿童组、成人组与在国内学习的儿童组、成人组之间的差异均不显著。

二、留学语境下影响口语习得的因素

留学语境下影响学生二语口语进步的因素中，研究者探讨较多的是出国留学时长。此外，还有一些研究分析了语言接触时长、语言接触类型、社交网络、社会情感、个体差异等因素与学生二语口语水平之间的关联。

在留学语境下，多数研究显示留学时长通常与口语流利度、复杂度的提高成正比，但部分研究却得出了相反的结论。利亚内斯和穆尼奥斯（Llanes，Muñoz，2009）的研究发现，出国留学四周的学生在准确度以及流利度的部分指标上显著优于出国三周的学生。塞拉诺等人（Serrano et al.，2012）的研究也表明，留学期间学习者口语流利度呈线性增长趋势，但第一学期的口语流利度增长速度快于第二学期。利亚内斯等人（Llanes et al.，2011）对两组留学时长分别为两个月和三个月的学生进行了研究，发现两组学生在二语口语的进步方面没有任何差异。

特罗菲莫维奇和贝克（Trofimovich，Baker，2006）对在美国学习英语的韩国成人学习者英语流利度的发展进行了研究，这些学习者在美国的居住时间从短期（3个月）、中期（3年）到长期（10年）不等。研究者重点关注学习者到达美国的年龄以及在美国停留的时长对他们英语口语的流利度有何影响。研究结果表明，虽然学习者的语言接触时长影响他们对重音的掌握，但他们到达美国时的年龄对口语中的超音段特征（即语速、停顿频率和停顿时间）产生的影响更大。

除留学时长外，研究发现语言接触、社交网络、社会情感因素也是影响留学生口语进步的重要因素。麦格南和巴克（Magnan，Back，2007）的研究发现，虽然留学语境下学生的口语水平明显提高，但他们在国外与来自本国的同学以二语交流会阻碍口语的进步。埃尔南德斯（Hernández，2010b）的研究同样发现出国留学后学生的口语水平显著提高，而且留学期间学生接触二语的时间可以预测其口语能力提高的程度。杜威等人（Dewey et al.，2012）的研究表明，语言接触量、出国留学前的语言水平、社交网络分布情况（social network dispersion，该研究中指学生参加社团的情况）对学生在出国留学期间二语口语进步的程度有一定的预测力。学生使用二语与所在国居民或本国朋友交流的时长与他们口语的进步程度呈正比，但使用母语与所在国居民交流则会阻碍学生二语口语的进步。该研究表明，留学期间参与社团越多的学生，二语口语的进步越大。在社会情感因素方面，利亚内斯等人（Llanes et al.，2012）发现个人对二语语言能力的期望越高，口语词汇复杂度的提升就越高。但哈迪森（Hardison，2014）却发现，出国留学期间学生口语能力的提升与二语接触量及社会情感因素（如动机、跨文化兴趣和文化适应能力、交际情感以及交际策略）并不存在显著关联。

目前，国内关于出国留学的大多数研究都是从宏观的角度，对出国留学中有关留学规划制订、留学行业现状分析、教育状况等进行探讨（如赵成涛，2009）。仅有少数研究关注出国留学学生的留学体验、语言学习动机、留学过程中二语水平的发展变化及其影响因素（郁小萍，2001；崔丹，2013；吴建设，2014）。郁小萍（2001）采用问卷和访谈的方式探讨了中国留学生的留学体验，发现中国出国留学学生表现出较为明显的个体主义文化倾向。与国内高校的学生相比，他们更加认同国外以学习者为中心的教学氛围。崔丹（2013）通过对中国留学生文化敏感度、学习动机及其与寄宿家庭的关系的观察，探讨了短期出国留学对文化敏感度、口语流利度、语法准确度和句法复杂度的影响。研究结果显示，整体而言，留学组学生在口语能力的各个维度上都有所提高，具体体现为语速明显加快、口语流利度大幅度增强、语法准确度提高、句法的复杂度增加等。

可以看出，目前国内关于出国留学语境下的二语习得研究仍未全面展开，针对出国留学生的研究还比较少，有待更多研究来揭示出国留学语境下中国学生二语口语能力发展的特点与规律。

第三节　留学语境下跨文化能力的发展研究

20 世纪 80 年代，研究者开始关注留学语境下二语学习者交际能力的发展，并展开了一系列实证研究。90 年代，随着跨文化能力（Intercultural Communication Competence，简称 ICC）这一概念的提出和相关研究的发展，越来越多的学者开始关注留学语境下学生跨文化能力的发展情况，取得了丰富的研究成果。

拉福德（Lafford，1995）的研究以西班牙语为目标语言，对比了在西班牙和墨西哥学习西班牙语的美国学生以及在美国学习西班牙语的学生在口语产出中交际策略的使用。该研究发现，尽管在课堂上学习的学生比在留学语境下学习的学生使用的交际策略更多样，但对于不同的交际情境，留学生表现出更强的应对能力。具体而言，留学生能较好地应对日常交际环境中出现的各种语用困难，例如怎样开始、保持和结束交际。拉福德发现，这种交流能力的提高与流利度的提高相关，具体表现为留学生的语速更快、对话语的自我修复（self-repair）也更多。在一项后续研究中，拉福德（Lafford，2004）对在美国课堂和在西班牙学习西班牙语的学生进行了纵向跟踪研究，同样发现留学生使用的交际策略比在国内课堂学习的学生更少。拉福德认为，造成这种差异的一个可能的原因是：留学生口语流利程度更高，口语表达中不足的地方比国内的学生少，从而减少了他们使用交际策略的需求。另一方面，在国内课堂学习西班牙语的学生更注重语言形式的准确性，因此他们在口语产出中会更多地使用交际策略来修正自己的话语。

然而，德凯泽（DeKeyser，1991）发现，美国学生在西班牙学习一个学期之后，用西班牙语进行交流的能力并没有发生根本的变化，尽管总体来说，他们的词汇量扩大了、流利度提高了。他的结论是，作为习得语言的语境，国内的课堂学习和留学语境之间不存在显著差异。但是，德凯泽指出，如果从母语者的角度来审视这两类学习者的口语表达，他们在口语能力上的差异就显而易见了。例如，相比在国内学习的学生，留学生倾向于更频繁地使用某些交际策略，这些策略是母语者在口语产出中经常使用的。

20 世纪 90 年代以来，跨文化能力成为教育研究中的一个重要课题。近年来，学者们开始探讨留学语境下跨文化能力的发展。例如，贝恩德等人的研究（Behrnd et al.，2012）比较了出国和未出国的大学生跨文化能力的发展，结果发现，最初两组学生的跨文化能力没有显著差异，但随着时间的推移，出国学生跨文化能力的提高更加显著。格里格森－赫曼（Gregersen-Herman，2015）研究了大学生在校期间跨文化能力的发展，发现如果只是身处文化多样性环境中而不加以干预，大学生的跨文化能力不会自动得到提升。茨维昂卡等人（Czerwionka et al.，2015）考察了短期留学项目中学生跨文化知识的发展，发现在留学前后学生对跨文化知识的关注重点发生了变化。此外，学生的跨文化知识在国外交换期间有所增长，其中增长幅度最大的是文化与历史知识。

随着留学趋势的进一步发展，近年来短期留学项目备受学生青睐。一些研究者对短期留学项目和长期留学项目中二语学习者跨文化能力的发展进行了对比研究（Dwyer，2004；Medina-Lopez-Portillo，2004）。有的研究认可短期留学项目的作用，认为短期项目可以开阔学生的国际视野，培养学生的全球思维方式，为学生提升文化敏感性和管理文化冲突的能力设置真实情境挑战，有的研究则提出质疑，认为短期出国留学项目不足以改变学生的跨文化能力（Tarrant，Lyons，2012）。梅迪纳－洛佩兹－波尔蒂略（Medina-Lopez-Portillo，2004）主要关注项目持续时长与跨文化敏感度发展之间的联系。该研究用定量和定性相结合的方法评估了 28 名留学项目参与者（其中 18 名参加了长期留学项目，10 名参加了短期留学项目）的跨文化能力。研究结果表明，项目持续时长对跨文化敏感度的提升有显著影响。德威尔（Dwyer，2004）发现，海外留学项目的持续时长对学生的跨文化能力产生的影响并非全方位的。德威尔指出，尽管较长的海外留学经历，如一学年，对学生有更显著和更持久的影响，"在某些情况下，相较于参加长期留学项目的学生，短期交换项目的学生或更有可能从海外学习中获得更持久的裨益"（Dwyer，2004：161）。

目前，国内只有少数研究关注留学生跨文化能力的发展（Gao，2010；鲁修红，李欣，2012；崔丹，2013）。高雪松（2010）通过定性研究的方法，分析了香港一所以英语为媒介语言的大学的内地学生在语言学习和跨文化能力发展方面所面临的挑战。鲁修红、李欣（2012）用《跨文化敏感度量表》（改编自 Chen，Starosta，2010）对 100 名国内外中国研究生的跨文化敏感度进行测评，探索国内外中国研究生跨文化敏感度现状的差异。研究结果显示，留学国外的中国研究生跨文化敏感度总体水平高于在国内学习的研究生，留学国外的中国研究生比国内研究生更容易接受和认同不同的文化，更能从不同文化的互动中获得享受。崔丹（2013）通过观察受试的文化敏感性、学习动机以及与寄宿家庭的关系，探讨了短期留学对文化敏感性和语言水平的影响。研究结果表明，留学组受试的语言水平总体上有所提高。不难看出，我国对出国留学背景下学生跨文化能力的研究还不够丰富，要揭示留学语境下中国学生的跨文化发展特征还需要更多的探索。

第四节　小结

如上所述，与国外相比，目前国内针对留学语境下二语口语能力及跨文化能力发展的研究在广度和深度上都亟须加强，有待更多研究来揭示出国留学语境下的二语能力发展的规律与特点。在当下中国出国留学活动繁荣发展时期，出国留学语境下的二语习得研究可以为现行的外语教学改革提供一定的解释和佐证，并为我国出国留学政策与留学教育的评估提供实证参考。

第二部分　实证篇

第五章

二语口头学术语篇的社会化：实证研究

本书第一部分介绍了语言社会化理论，并对二语口头学术语篇社会化的研究进行了评介。本书的第二部分，即第五章，是我们围绕英语语境下中国留学生口头学术语篇社会化这一主题展开的一系列实证研究。

如研究者所言（Morita，2004），二语学习者的口语能力在二语社会化过程中发挥着重要作用。本章的第一个实证研究案例"留学语境下中国研究生学术英语口语能力的发展状况研究"，让我们对留学生在英语语境下英语口语能力的发展有一定的了解。该案例以在英语国家攻读硕士学位的中国留学生为研究对象，通过问卷调查的方式了解留学生对学术英语口语的使用需求、他们在留学期间学术英语口语能力的发展状况以及影响其学术英语口语能力发展的因素。研究结果表明，留学生对学术英语口语的使用需求普遍较高；通过出国学习，他们学术英语口语的各个指标均有显著提升。此外，该研究也对影响留学生学术英语口语能力发展的因素进行了分析。

第二个实证研究案例"短期留学项目中大学生跨文化能力的发展

研究"聚焦留学语境下学生跨文化能力的发展情况。该研究以我国四川大学—美国乔治·华盛顿大学的短期交换项目为例,采用定量与定性研究手段相结合的方法,探究短期留学项目对中国学生跨文化能力发展的作用,并分析了留学语境下影响学生跨文化能力发展的因素。研究结果表明,参加短期留学项目后学生的跨文化能力有显著提升,影响学生跨文化能力提升的因素包括对跨文化交流的态度、国内外文化知识储备、语言水平、个体的性格特征等。

对于在英语语境下留学的中国学生而言,英语是他们课堂学习和学术交流的通用语言。课堂作为一个社会文化实体(social repertoire),既是学生获取知识的重要场所,也是他们在国外留学时构建身份的重要场所。英语语境下,中国留学生课堂学习的状况如何呢?本部分的第三个实证研究案例"英语语境下中国留学生的课堂学习——实践共同体中的社会化过程",回答了这个问题。该研究以在英国留学的三名中国学生为研究对象,探讨他们在课堂实践共同体中如何通过参与和互动,在课堂活动中构建合格参与者的身份,实现个体的社会化。研究结果表明,留学生必须运用积极的策略才能融入课堂这个实践共同体,实现社会化。基于三位研究对象在适应英国课堂的过程中遇到的各种困难及所采取的应对措施,该研究还讨论了影响留学生身份建构的因素及其对外语教学的启示。

随着高等教育国际化的发展,中外合作办学机构如雨后春笋般蓬勃发展。在高等学校的中外合作办学项目中,英语是学生学习专业知识、完成各种学术任务的通用语言。就教学模式而言,中外合作办学项目与出国留学语境非常相似,可谓"在国内留学"(study abroad at home)。鉴于越来越多的中国学生选择中外合作办学项目,本部分的第四个实证研究案例"国内留学:中外合作办学项目中大学一年级学生在实践共同体中的社会化",对中外合作办学项目中大学一年级的学生融入实践共同体、实现社会化的过程进行了个案追踪研究。研究结果显示，12 名研究对象中，8 名学生在实践共同体中的社会化过程较为顺利，另 4 名学生的社会化过程则较为曲折。该研究对造成这种差异的原因进行了探讨，发现造成差异的主要因素包括研究对象的英语语言水平、过去的英语学习经历、与教师的交流、专业学习兴趣以及自我认同等。

　　由于口语能力是影响二语学习者的社会化过程的主要因素之一，提高二语学习者的口语水平具有重要意义。为了有效提升英语学习者的口语能力，我们尝试采用基于策略的英语口语教学模式，并对这种教学模式的有效性进行了考察。这就是本部分的第五个实证研究案例"基于学习策略的教学对中国英语学习者英语口语学习的影响"。研究结果表明，基于学习策略的口语教学模式对二语学习者的口语学习益处良多。与未接受培训的学生相比，在学习和运用口语策略方面接受了系统培训的学生在口语产出上取得了显著的进步，而且他们使用口语策略的频率显著增加。此外，该研究发现，学习策略使用的增加与受试英语口语成绩的提高之间存在着一定的正相关关系。笔者希望该研究能引起语言教师对基于学习策略的教学模式的重视，将学习策略培训有机地融入课堂教学。

案例一　留学语境下中国研究生
学术英语口语能力的发展状况研究①

When ideas fail, words come in very handy.

— Johann Wolfgang von Goethe

一、研究背景

随着国家经济实力的增强和人民生活水平的提高，我国已经成为世界上最大的留学生生源国。据教育部统计数据，从 1978 年到 2018 年底，我国出国留学总人数已达 585.71 万人。② 英语国家（如美国、英国、澳大利亚等）是中国留学生最主要的留学目的国。出国留学是培养国际化人才的重要渠道，通过在国外大学的专业学习和文化沉浸，留学生不仅能学到专业知识，还能开阔视野、提高外语水平，这对他们今后的专业发展大有裨益。

对于在英语国家高等学校留学的研究生而言，学习并掌握本专业的学术英语表达范式是学业发展的重要内容，因为他们需要用英语进行大量的学术交流活动，如课堂互动、口头报告、小组讨论、论文研讨等。但是，一些中国留学生由于英语能力不足，尤其是口头学术交流能力较弱，在课堂学习和课外学术活动中不能与老师和同学进行充分、有效的交流，在一定程度上影响了专业学习的收益（崔丹，2013；王秋菊，2013）。目前，国内对出国留学语境下外语学习的研究甚少。虽然郁小

---

① 本实证研究的作者为左红珊、辜磊。

② 数据来源：http://www.moe.gov.cn/jyb_xwfb/gzdt_gzdt/s5987/201903/t20190327_375704.html。

萍（2001）、崔丹（2013）等考察过中国留学大学生的课堂学习情况以及他们的语言能力变化，但此类研究仍屈指可数。多数研究仍停留在留学政策、留学产业、留学教育等宏观的理论层面。

为了解留学生在国外留学期间学术英语的使用需求以及学术英语的发展状况，本研究以在英语国家攻读硕士学位的中国留学生为研究对象，以学术英语口头交流能力为切入点，着重回答以下三个研究问题：

（1）在英语国家留学的中国学生学术英语口头交流的需求如何？

（2）通过出国留学，研究生学术英语口语的发展状况如何？

（3）哪些因素会影响留学生学术英语口语的发展？

二、研究方法

（一）研究对象

我们通过网络问卷调查，于2018年9月邀请在英语国家攻读硕士学位的中国留学生填写了网络问卷。选择这个时间点是因为这是大多数英语国家大学的开学季，非常适合作为我们调查留学生口头学术英语能力发展状况的起点。此次问卷调查共收回有效问卷206份。2019年7月，即距第一次问卷调查一学年后，我们再次邀请参加过第一次问卷调查的学生填写调查问卷，收回115份有效问卷。也就是说，两次问卷调查都参加了的留学生为115位，他们的基本信息见表5.1。

表5.1 参加问卷调查的留学生的基本信息

留学目的国	美国	38人
	英国	36人
	澳大利亚	35人
	其他	6人

性别	女	89 人
	男	26 人
留学时长 （截至第二次问卷调查时）	未满 1 年	81 人
	1～4 年	34 人
留学前是否有出国 交换学习经历	有	43 人
	无	72 人
留学所读的专业	经济学、管理、语言学、教育学等	

参加调查的留学生中，在我们进行第二次问卷调查时，有 81 位在国外留学的时间不到 1 年，有 34 位留学时间在 1 年以上，最长的为 4 年。此外，在出国留学之前，有 43 位学生参加过各种出国交换学习项目，时长从 1 个月到 1 年不等。

（二）研究工具

为了调查中国留学生学术英语口语的发展状况，我们研读了有关英语口语能力测评的文献（刘芹，2008；刘芹，胡银萍，张俊锋，2011；栾岚，赵红军，2017；刘鸿颖，刘芹，2020），结合学术英语口语的特点编写调查问卷。经过多轮试测和反复修改，最后形成了《学术语境下中国留学生英语口语使用情况调查问卷》（见附录一）。该问卷包括五个主要部分：个人基本信息、学术语境下英语听/说使用需求、学术英语口语能力自评量表、学术英语语境下的交流意愿以及影响学术英语口语进步的因素。其中，《学术英语口语能力自评量表》是本问卷的核心部分，包括两个维度、八个指标：第一个维度为"语言能力"，包括发音、语法和词汇、语篇能力、语用能力、专业表达能力五个指标；第二个维度为"非语言能力"，包括交际能力、非言语交际能力、跨文化交流能力三个指标。

《学术英语口语能力自评量表》采用自评的方式，让留学生对自己

填写调查问卷时的学术英语口语能力进行评价，根据实际情况选择合适
的分值。例如：

> 在口语表达中，我能准确运用专业术语。
> 1 = 这种说法完全或几乎完全不适合我的情况
> 2 = 这种说法通常不适合我的情况
> 3 = 这种说法有时适合我的情况
> 4 = 这种说法通常适合我的情况
> 5 = 这种说法完全或几乎完全适合我的情况

　　在外语教学研究中，让学习者对自己的语言能力进行自评是常见的
做法，在实证研究中应用广泛（Dewey，2017；吴卫平等，2013；夏宗
凤，2019）。

　　试测结果显示，《学术英语口语能力自评量表》中每个指标的信度
（Cronbach's α）都在 0.85 以上，量表整体信度则达到 0.95（见表
5.2），说明该量表具有较高的可靠性。

表 5.2　《学术英语口语能力自评量表》的内容及信度分析

维度	指标	项目数（个）	Cronbach's α	项目举例
语言能力	发音	3	0.92	我的英语发音准确
	语法和词汇	5	0.91	我在英语口语表达中语法正确
	语篇能力	7	0.95	在口语表达中，我能恰当地使用连接词
	语用能力	5	0.95	我能根据谈话的对象选择适宜的语言
	专业表达能力	6	0.95	我能准确地使用英语介绍自己所学的专业

续表5.2

维度	指标	项目数（个）	Cronbach's α	项目举例
非语言能力	交际能力	7	0.91	我能用恰当的语言发起和结束谈话
	非言语交际能力	6	0.91	在谈话中，我会与谈话对象进行目光交流
	跨文化交流能力	6	0.86	我了解所在国家的历史、地理和社会政治知识
合计		45		0.95

另外，探索性因子分析显示，《学术英语口语能力自评量表》的 KMO=0.78，Bartlett 球面性检验 $p < 0.001$，两个维度（即"语言能力"和"非语言能力"）共解释 61% 的变异量，说明该量表具有较高的效度。

（三）数据收集与分析

如前所述，我们通过网络发放了两次调查问卷，并付给参与调查的留学生一定的报酬，最终收回有效问卷 115 份。对于所收集到的定量数据，我们用 SPSS 24.0 进行了统计分析。对于定性数据，我们则进行了分类、标注等工作。

三、结果与讨论

（一）留学语境下学术英语口语的使用需求

问卷的第二部分调查了留学生学术英语口语的使用需求，共包括 9 个项目。调查结果显示，英语语境下留学生对学术英语口语的使用需求普遍较高（见表5.3）。表5.3将9个项目按照留学生选择"经常"或

"总是"的频率从高到低进行排列，可以看出，所有的项目中，选择"经常"或"总是"的留学生均占一半以上，说明留学生对学术英语口语有较高的使用需求。

表5.3 英语语境下留学生学术英语口语的使用需求

编号	项目内容	选择不同选项的人数 （单位：人）			
		从不	有时	经常	总是
1	学生与任课老师单独讨论课程学习中的问题	0	8	40	67
2	学生在课堂上或者课后用英语向老师提问	0	9	51	55
3	课堂上学生以小组的形式用英语进行讨论	2	18	42	53
4	学生向老师汇报自己的研究进展	4	19	39	53
5	学生在课堂上用英语进行展示（presentation）	2	24	33	56
6	学生在课外组成小组共同完成课程任务（以英语为工作语言）	7	21	37	50
7	学生在课外与英语母语者交流以完成课外作业（如采访、调查等）	11	36	29	39
8	学生参与课堂讨论的表现是课程考核的一部分	29	21	34	31
9	学生在课堂上用英语进行辩论	17	35	26	37

其中，对于"学生与任课老师单独讨论课程学习中的问题"，107人选择了"经常"或"总是"，占总人数的93%；"学生在课堂上或者课后用英语向老师提问"，106人选择了"经常"或"总是"，占92%；"学生向老师汇报自己的研究进展"，92人选择了"经常"或"总是"，占80%。这说明在硕士学习阶段，留学生需要经常用英语与老师就专业问题进行讨论、交流，这就要求学生具备相当的学术英语口语能力。此外，"课堂上学生以小组的形式用英语进行讨论"，95人选择了"经常"或"总是"，占总人数的83%；"学生在课外组成小组共同完成课

程任务（以英语为工作语言）"，87 人选择了"经常"或"总是"，占 76%。这表明，除了与教师进行交流外，留学生也需要和同学在课堂内外用英语进行大量的合作、互动，这对留学生学术英语口语能力提出了较高的要求。

从上述数据不难看出，对于在英语语境下攻读硕士学位的留学生而言，他们对学术英语口语有较高的需求。留学生需要与教师或同学进行大量的学术交流活动，比如课堂互动、口头报告、小组讨论、论文研讨等。只有具备较好的学术英语口头交流能力，留学生才能更好地参与这些学术活动，最大限度地提高留学收益。

（二）留学前后学术英语使用能力的变化

为了考察留学生在英语国家留学期间学术英语口语的发展情况，我们用 SPSS 24.0 对这 115 位留学生在《学术英语口语能力自评量表》中对自己刚出国留学时和留学一学年后的各项指标的自评分值进行了配对样本 T 检验，所得结果如表 5.4 所示。

表 5.4 留学生出国留学前后学术英语口语能力自评得分对比

维度	指标	时间点	自评得分均值	标准差	t	p
语言能力	发音	第一次问卷	3.15	0.92	11.16	<0.001
		留学一学年后	3.81	0.77		
	语法和词汇	第一次问卷	2.89	0.84	10.74	<0.001
		留学一学年后	3.61	0.72		
	语篇能力	第一次问卷	2.95	0.88	10.37	<0.001
		留学一学年后	3.60	0.70		
语言能力	语用能力	第一次问卷	2.87	0.83	10.28	<0.001
		留学一学年后	3.43	0.76		
	专业表达能力	第一次问卷	3.15	0.93	11.57	<0.001
		留学一学年后	3.84	0.82		

续表5.4

维度	指标	时间点	自评得分均值	标准差	t	p
非语言能力	交际能力	第一次问卷	2.99	0.80	9.93	<0.001
		留学一学年后	3.53	0.72		
	非言语交际能力	第一次问卷	3.35	0.98	8.48	<0.001
		留学一学年后	3.84	0.78		
	跨文化交流能力	第一次问卷	3.07	0.78	12.44	<0.001
		留学一学年后	3.69	0.72		

　　图5.1直观地展示了留学生在填写第一次问卷时以及出国留学一学年后学术英语口语能力的8个指标自评分值的差异。不难看出，出国留学一学年后，留学生认为自己在学术英语口语的所有指标上均有进步。表5.4中的配对样本T检验结果显示，留学生出国留学前和出国留学后，在学术英语口语的这8个指标上自评得分的提升是显著的。这说明在英语国家学习对留学生学术英语口语的提高大有裨益。这一结果与一些学者对留学语境下第二语言口语发展的研究一致（Freed et al.，2004；Magnan，Back，2007；Hernández，2010a，b；Jochum，2014）。例如，在以法语为第二语言的研究中，弗里德等人（Freed et al.，2004）发现留学语境下学生的口语取得显著进步，但在国内的对照组仅部分学生口语分数有所增长。埃尔南德斯（Hernández，2010a）的研究也表明出国留学组学生西班牙语口语显著优于在国内学习的对照组学生。经过一个学期的学习后，出国留学组80%的学生在SOPI（Simulated Oral Proficiency Intervierl）测试中提升了一个档次①，而国内

---

① 埃尔南德斯（Hernández，2010：656）将学生在SOPI测试中的表现分为10个档次，用数字1~10来表示：novice low=1，novice mid=2，novice high=3，intermediate low=4，intermediate mid=5，intermediate high=6，advanced low=7，advanced mid=8，advanced high=9，superior=10。

的对照组仅 25% 的学生有类似进步。这些研究结果表明，出国留学对留学生英语口语的发展大有裨益。

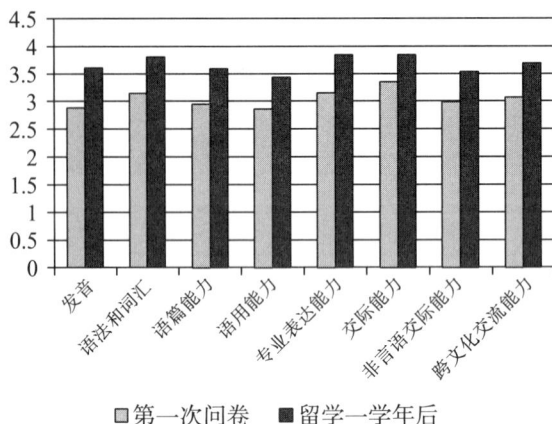

图 5.1　留学生出国前后学术英语口语八项指标的自评分值

（三）影响留学生学术英语口语能力发展的因素探析

在前期研究中，我们通过文献梳理和初步调查，发现了一些可能会影响留学生口头学术英语能力发展的因素，如学术英语口语的使用需求、学术英语语境下的交流意愿、留学时长、留学前是否有海外学习经历等。下面对这些潜在的影响因素进行深入分析。

1. 留学生学术英语口语的使用需求与学术英语口语能力发展的相关性

相关研究表明，学生对外语学习的需求会影响外语学习的效果（钟家宝等，2014），留学语境下学生口语能力的发展亦是如此。一般来说，学术英语口语的使用需求高，则表明留学生在学术语境下用英语交流的机会较多，例如课堂发言、和老师讨论问题、和同学合作交流等。经常进行这样的口头交流活动，无疑对留学生学术英语口语能力的发展大有裨益。为此，我们用 SPSS 24.0 对第二次问卷调查中留学生学术英语口语使用需求的得分和他们对学术英语口语能力各项指标的自评得分进行了皮尔逊（Pearson）相关分析，结果见表 5.5。

表 5.5　学术英语口语使用需求与学术英语口语能力的相关性

编号	学术英语口语能力的指标	学术英语口语使用需求	
		Pearson 相关性	显著性（双尾）
1	发音	0.39	<0.001
2	语法和词汇	0.27	0.003
3	语篇能力	0.22	0.02
4	语用能力	0.31	<0.001
5	专业表达能力	0.27	0.004
6	交际能力	0.24	0.01
7	非言语交际能力	0.33	<0.001
8	跨文化交流能力	0.24	0.01

由表 5.5 可以看出，留学生学术英语口语的使用需求与学术英语口语能力的 8 个指标都显著相关。也就是说，留学生学术英语口语的使用需求越强，留学生学术英语口语能力就越强。强烈的需求可以强化留学生提升学术英语口语能力的动机，促使他们确立清晰明确的学习目标，提高他们的学习兴趣和主动性。

2. 学术英语语境下留学生的交流意愿对学术英语口语能力发展的作用

对于第二语言学习者而言，一个重要的学习目标是能够用语言进行有效的交流和沟通，因此交流意愿备受外语教学研究者的重视（余森，2018）。麦金泰尔等人（MacIntyre et al.，1998：547）将第二语言交流意愿定义为"使用第二语言和特定的人在特定的时间进行交流的意愿"，并指出交流意愿对于语言使用起决定作用。学习者的交流意愿高，说明他们会尽可能地抓住机会参与交流活动，在使用中学习语言，这无疑有益于语言能力的提升。

我们用 SPSS 24.0 对第二次问卷调查中留学生在学术英语语境下的交流意愿和他们对学术英语口语能力各项指标的自评得分进行了皮尔逊（Pearson）相关分析，结果见表 5.6。

表 5.6　学术英语语境下的交流意愿与学术英语口语能力的相关性

编号	学术英语口语能力的指标	学术英语口语交流意愿	
		Pearson 相关性	显著性（双尾）
1	发音	0.72	<0.001
2	语法和词汇	0.68	<0.001
3	语篇能力	0.81	<0.001
4	语用能力	0.80	<0.001
5	专业表达能力	0.81	<0.001
6	交际能力	0.76	<0.001
7	非言语交际能力	0.68	<0.001
8	跨文化交流能力	0.72	<0.001

由表 5.6 可以看出，留学生在学术英语语境下的交流意愿与其学术英语口语能力的 8 个指标都显著相关，而且相关系数均在 0.65 以上，说明是强相关。也就是说，对于在英语国家留学的中国学生而言，在学术语境下用英语进行交流的意愿对他们学术英语口语的发展有着举足轻重的作用。这一结果与不少二语习得研究者的观点是一致的：语言的使用和语言的习得是同时发生的（Lantolf，2000；Swain，2000）。学习者只有充分利用机会运用所学到的语言知识，才能在语言能力上有长足的发展。

对比表 5.5 和表 5.6 中的相关性数据不难发现，表 5.5 中学术英语口语的使用需求和学术英语口语能力虽然显著相关，但是相关系数均在 0.20～0.40 之间，说明是弱相关。但是表 5.6 中学术英语语境下的交流意愿和学术英语口语能力评分之间是显著的强相关，相关系数均介于

0.68~0.81。对此，我们认为，学术英语使用需求是留学生根据客观情况填写的，而交流意愿则是他们自己主观参与学术交流活动的积极性的体现。客观的需求虽然能在一定程度上提升英语学习效果，但是内在的需求才是留学生能够真正提高学术英语口语能力的源动力。毋庸置疑，在英语国家留学的中国研究生都有较高的学术英语口语使用需求，但是只有从主观上培养起积极的交流意愿、主动参与英语口头学术交流，才能在实践中磨炼自己的语言能力，真正提升学术英语口语能力。

3. 留学时长以及之前的出国学习经历对留学生学术英语口语能力的影响

在研究过程中，我们发现留学生的留学时长以及他们在留学之前是否有出国学习的经历对他们学术英语口语能力有一定的影响。于是我们以留学时长（包括两个水平：出国留学未满 1 年 vs. 出国留学 1 年至 4 年）和之前是否有出国学习经历（包括两个水平：之前有出国学习经历 vs. 之前无出国学习经历）为变量，用 SPSS 24.0 对"学术英语口语能力自评量表"中留学生各项学术英语口语能力指标的自评分数的差值进行了双因素方差分析，以考察这两个变量对留学生学术英语口语能力发展的影响。

结果显示，就量表中所测量的学术英语口语能力的 8 个指标来看，"留学时长"这一变量对其中的 7 个指标均有显著影响，包括发音 $[F(1,111)=4.13,\ p=0.044]$、语法和词汇 $[F(1,111)=13.76,\ p<0.001]$、语篇能力 $[F(1,111)=9.70,\ p=0.002]$、语用能力 $[F(1,111)=16.13,\ p<0.001]$、专业表达能力 $[F(1,111)=9.86,\ p=0.002]$、交际能力 $[F(1,111)=9.88,\ p=0.002]$、非言语交际能力 $[F(1,111)=3.43,\ p=0.047]$，但是对跨文化交流能力没有显著影响 $[F(1,111)=0.009,\ p=0.925]$。"之前是否有出国学习经历"这一变

量则对交际能力 [F(1, 111) = 4.44, p = 0.037]、专业表达能力 [F(1, 111) = 11.36, p = 0.001] 这两个指标有显著影响,对其余 6 个指标的影响不显著。"留学时长"和"之前是否有出国学习经历"这两个变量在这 8 个指标上均没有交互作用,显示出这两个变量是两个互相独立的因素。

上述数据分析表明,"留学时长"是影响学术英语口语能力发展的重要因素。在英语语境下留学生留学的时间越长,越有利于学术英语口语能力的发展。这与前人的发现一致。例如,利亚内斯和穆尼奥斯(Llanes,Muñoz,2009)的研究发现,出国留学 4 周的学生在准确度和流利度的一部分指标上显著优于出国 3 周的学生。塞拉诺等人(Serrano et al.,2012)的研究也表明,留学期间学习者口语流利度呈线性增长趋势,且第一学期的口语流利度增长速度快于第二学期。但值得注意的是,我们发现留学时长对留学生跨文化交际能力的发展没有显著影响。一个可能的原因是,学术语境下的交流活动一般比较客观,主要目的是研讨学术问题,不太涉及社会文化等较为主观的内容,因此学术语境下留学生在跨文化交流能力方面的提升有限。

有趣的是,我们发现"之前是否有出国学习经历"这一变量对学术英语口语能力的两个维度,即交际能力和专业表达能力均有显著影响,但是对其他 6 个指标没有显著影响。究其原因,可能是通过之前的出国学习经历,留学生对在英语国家的学习与生活有了更直观的经验,在留学中能更主动、自信地参与学术交流,这对交际能力的提升无疑大有裨益。此外,一部分学生在留学之前就有出国学习的经历,说明他们更早就有比较明确的专业学习和发展计划,会根据专业发展的需求努力提升学术英语水平,因此他们用英语进行专业表达的能力也就更强。这说明,短期的出国留学经历对于提升学术英语口语表达能力的某些方面是非常有益的。对于有计划出国留学的大学生而言,如果条件允许,在本科阶段到国外的大学进行短期交换学习，对于提升英语学习动机大有裨益，也有利于出国留学时学术英语口语能力的提升，从而有助于在留学中获得最大的学习收益。

四、结语

为了解留学生在国外留学期间学术英语口语的使用需求以及学术英语口语能力的发展状况，本研究以在英语国家攻读硕士学位的中国留学生为研究对象，以学术英语口头交流能力为切入点，对留学生学术英语口语能力的发展状况进行了追踪研究。研究结果显示，对于在英语语境下攻读硕士学位的留学生而言，学术英语口语的使用需求普遍较高。此外，数据分析显示，留学生通过出国学习，在学术英语口语的 8 个维度上均有显著的提升。这说明在英语国家留学对学生的学术英语口语的提高是非常有效的。

关于留学生学术英语口语能力提升的原因，我们发现，首先，留学生对学术英语口语的使用需求与其学术英语口语能力有显著的相关性，学术英语口语使用需求越高，则学术英语口语能力就越强。其次，英语语境下留学生学术英语交流意愿与学术英语口语能力的提高呈显著的强相关，说明积极的交流意愿对学术英语口语的提升至关重要。此外，数据分析显示，留学时长对留学生学术英语口语的提升有显著影响，留学之前是否有出国学习经历对学术英语口语的部分指标有显著影响。

在科学技术迅猛发展的今天，国际化是高层次人才培养的重要目标，出国留学则是培养国际化人才的重要渠道。然而，即便都是在英语语境下留学的中国学生，其学术英语口语能力的发展也不尽相同。对于在英语国家攻读硕士学位的中国留学生而言，学习的重心是专业知识，学术英语则是进行专业学习的工具。在这种情况下，留学生不是把学术英语作为专门的学科来学习，而是在用中学（王初明，2009），即通过参与英语学术交流活动，提升学术英语交流能力。如果留学生能够确立清晰明确的学术英语学习目标，提升交流意愿，充分利用周围丰富的学术英语交流语境，积极主动地参与各种学术交流活动，一定能在学术英语口语方面取得长足的进步。

案例二　短期留学项目中大学生跨文化能力的发展研究①

You cannot discover new oceans unless you have the courage to lose sight of the shore.

— Andre Gide

一、研究背景

出国留学是培养国际化人才的重要渠道，通过在国外大学的专业学习和文化沉浸，留学生不仅能学到专业知识，还能开阔视野、提高外语水平，这对他们今后的专业发展大有裨益。为开阔学生的国际视野、增强他们的国际合作能力，近年来一系列国际学生交流项目在世界各国的高校如火如荼地开展。例如，四川大学于 2018 年启动了"大川视界"出国交流项目，不到六年时间，已与全球 20 个国家和地区的 90 余所大学开展了联合教育项目，11 000 多名学生通过该项目开启了他们的国际学术之旅。②

本研究以 2019 年暑期"大川视界"中的四川大学—乔治·华盛顿大学短期交换项目为例，研究短期出国交流项目对学生跨文化能力发展的作用以及留学语境下影响学生跨文化能力发展的因素。对于高校中负责国际交流的部门而言，本研究成果能为短期出国留学项目的规划和设

---

① 本实证研究的作者为左红珊、胡雅宁、辜磊。该论文的英文版"Development of Chinese University Students' intercultural competence in a short-term study-abroad program 于 2022 年发表于 Forum for Linguistic Studies"，Issue 1。2024 年 1 月 25 日，https://global. scu. edu. cn/? channel/712/718/720。

② 信息来源：四川大学"大川视界"官网。

计提供有益的参考；对于学生来说，了解短期出国留学项目对跨文化能力发展的作用及相关的影响因素，有助于他们更好地应对在海外留学时跨文化交流中可能遇到的挑战，将短期留学项目的收益最大化。

二、跨文化能力的定义及测量

跨文化能力被认为是 21 世纪人才的必备能力（潘亚玲，2008；王艳，2018）。《国家中长期教育改革和发展规划纲要（2010—2020 年)》提出，要培养大批具有国际视野、通晓国际规则、能够参与国际事务和国际竞争的国际化人才。国际化人才不仅应具有较高的外语水平，能熟练地运用外语进行日常会话，还要能胜任国际会议、谈判磋商、国际组织工作等场合的交流；不仅能吸收借鉴国外文化，还要能弘扬中国文化，发出中国声音。

"跨文化能力"这一概念最早由美国学者罗伯特·汉威（Robert Hanvey）于 1976 年在其著作《可行的全球视角》（*An Attainable Global Perspective*）中提出。汉威在该书中从 5 个维度概述了全球教育交叉学科的本质，其中一个维度即为跨文化意识。自此，跨文化能力成为教育研究中的一个重要课题。数十年来，很多学者从不同的研究角度出发对跨文化能力下了定义（Lustig，Koester，2003；Deardorff，2004；Fantini，2000，2006）。佩德森（Pedersen，1995）着眼于跨文化能力的发展过程，认为跨文化能力发展包括 3 个阶段，即意识阶段（对文化的差异和共性设想以及从自身文化和其他文化的角度来判断文化环境的能力）、知识阶段（在已获得的文化设想基础上扩展信息）和技能阶段（基于已证实的设想和准确的知识）。普施（Pusch，1993）则从跨文化能力的构成要素出发，认为跨文化能力中最重要的要素包括思维缜密度、认知灵活性、模糊容忍度、行为灵活性和跨文化认同感。近年来，一些学者对跨文化能力进行了更为概括的定义，其中范特尼（Fantini，

2000，2006）的定义在学界认可度较高。范特尼（Fantini，2000，2006）认为，跨文化能力是指和来自不同语言和文化的人进行有效、适当的交流时所需的综合能力。他认为跨文化能力包括 4 个维度，即知识、态度、技能和意识。与范特尼的定义一脉相承，迪尔多夫（Deardorff，2004）也指出，跨文化能力是基于个人的跨文化知识、技能、意识和态度，在跨文化情景下进行有效而得体的交流的能力。

虽然研究者对跨文化能力所作的定义有所不同，但是他们普遍认为跨文化能力包括知识、技能、态度和意识这 4 个构成要素（Fantini，2000，2006；Deardorff，2004）。因此，国外不少研究者从这 4 个维度出发设计量表对跨文化能力进行测量，取得了丰富的研究成果（如Byram，1997；Straffon，2003；Fantini，2006）。近年来，国内学者也开始关注中国学生跨文化能力的发展状况，并设计量表考察中国学生的跨文化能力（如王振亚，2005；吴卫平，2013）。其中，吴卫平（2013）基于范特尼（Fantini，2000，2006）的跨文化能力量表改编而成的《中国大学生跨文化能力测试量表》具有较高的信度和效度，被很多国内研究者采用。本研究采用该量表调查学生在短期出国留学前后跨文化能力的变化，量表的具体内容见后文。

三、留学语境下跨文化能力的发展

随着教育全球化的发展，越来越多的人认识到出国留学的重要性，走出国门到其他国家留学。出国留学将学生"沉浸"在另一种文化中，是一种体验式的学习过程（Kolb，1984）。不少研究者认为，出国留学是提高个人跨文化能力的理想途径（Deardorff，2006；Watson et al.，2015）。近年来，不少学者运用实证研究手段探索了留学语境下学生跨文化能力的发展情况（如 Behrnd et al.，2012；Gregersen-Herman，2015；Czerwionka et al.，2015）。例如，贝恩德等人的研究（Behrnd et al.，2012）比较了出国和未出国的大学生跨文化能力的发展，结果发现，最初两组学生的跨文化能力没有显著差异，但随着时间的推移，出国学生跨文化能力的提高更加显著。格里格森－赫曼（Gregersen-Herman，2015）研究了大学生在校期间跨文化能力的发展，发现如果只是身处文化多样性环境中而不加干预，大学生的跨文化能力不会自动获得提升。茨维昂卡等人（Czerwionka et al.，2015）考察了短期留学项目中学生跨文化知识的发展，发现在留学前后学生对跨文化知识的关注重点发生了变化。此外，学生的跨文化知识在国外交换期间有所增长，其中增长幅度最大的是文化与历史知识。

近十年来，1 至 8 周的短期项目在留学市场中颇受欢迎。相较于长期留学项目，短期留学项目的价格较低、周期较短，更适合假期时长有限、国内学校学业任务较重的学生群体。关于短期留学项目对学生跨文化能力发展的作用，目前的研究结果尚存在较大争议。虽然很多研究者认为短期留学项目能开阔学生的国际视野，培养学生的全球思维方式，有助于学生提升文化敏感性和应对文化冲突的能力，但是也有学者质疑短期留学项目对跨文化能力发展的作用（Dwyer，2004；Medina-Lopez-Portillo，2004）。梅迪纳－洛佩兹－波尔蒂略（Medina-Lopez-Portillo，2004）研究了留学项目的时间长度与跨文化敏感度的发展之间的关系。该研究以 28 名出国交换的学生为研究对象，其中 18 名参加了长期交换项目，10 名参加了短期交换项目。研究结果表明，项目时间长度对跨文化敏感度的提升有显著影响。但是，德威尔（Dwyer，2004）的研究表明，相对于短期交换项目，长期交换项目的优势也并不是绝对的。德威尔指出，尽管海外学习的时长对学生跨文化敏感度的发展有显著影响，但是"在某些情况下，相较于参加长期留学项目的学生，短期交换项目的学生或更有可能从海外学习中获得更持久的裨益"（Dwyer，2004：161）。

目前，国内只有少数研究关注留学生跨文化能力的发展（Gao，2010；鲁修红，李欣，2012；崔丹，2013）。高雪松（Gao，2010）以香港一所以英语为教学媒介语言的大学的内地学生为研究对象，通过定性研究的方法分析了他们在语言学习和跨文化能力发展方面所面临的挑战。鲁修红、李欣（2012）用《跨文化敏感度量表》对国内外中国研究生的跨文化敏感度进行测评，探讨国内外中国研究生跨文化敏感度现状的差异。研究结果显示，留学国外的中国研究生跨文化敏感度总体水平高于在国内学习的研究生，而且他们比国内研究生更容易接受和认同不同的文化，更能从不同文化的互动中获得享受。崔丹（2013）通过观察受试的文化敏感性、学习动机以及与寄宿家庭的关系，探讨了短期留学对文化敏感性和语言水平的影响，研究结果表明，留学组受试的语言水平总体水平有所提高。虽然上述研究对英语语境下学习者跨文化能力的发展进行了一些探讨，但总体来说这方面的研究才拉开帷幕，亟待进一步深入。

四、研究方法

（一）研究问题

本研究以一个为期两周的短期留学项目为个案，通过实证研究回答以下研究问题：

（1）短期留学项目对中国学生跨文化交际能力的发展有什么作用？

（2）短期留学项目中，哪些因素会影响学生跨文化能力的发展？

（二）研究背景

本文以四川大学—乔治·华盛顿大学的短期交换项目（Sichuan University-George Washington University Exchange Program，简称 SCU-GWU 项目）为例，研究短期留学项目对中国学生跨文化交际能力的影响。SCU-GWU 项目为期两周，学生在美方教师的引导下，围绕国际外交、国际商务和全球领导力等主题，开展实地参观、学术讲座以及其他文化活动，充分体验美国大学的教学模式和校园生活。该项目美方团队的国际化程度很高，其中两名教学主管分别是非裔美国人和英裔美国人，讲师是土耳其裔美国人，3 名助教则分别来自美国、日本和中国。

本实证研究的作者之一也是该项目的参与者，这为本研究的数据收集提供了便利。[1]

（三）项目参与者

SCU-GWU 项目的 35 名成员参与了本研究，参与者均为四川大学在读学生，所学专业包括英语、文学、国际政治、法律、微电子等。参与者的基本情况见表 5.7。

表 5.7　本研究参与者的基本信息

项目	类别	人数
性别	女	27
	男	8
年龄	19 岁～23 岁	19
	24 岁～29 岁	16
教育阶段	本科	16
	研究生	19
之前是否有出国经历	是	15
	否	20
所学专业	英语、文学、国际政治、法律、金融、微电子、土木工程	

（四）研究工具

为了深入考察学生在短期留学项目中跨文化能力的发展情况，本研

---

[1]　为了保证研究的信度，这位参与者的数据并未纳入本研究的数据分析。

究采用了多种研究方法，包括问卷调查、半结构化访谈和现场观察。

本研究使用的问卷由三部分组成（见附录二）。第一部分为个人信息，包括性别、年龄、专业、年级、之前有无留学经历、英语水平等。第二部分是跨文化能力自评，来自吴卫平（2013）的《中国大学生跨文化能力调查问卷》，包括 6 个维度：本国文化知识、外国文化知识、对跨文化交流的态度、跨文化交流技能、跨文化认知技能、跨文化交流意识，共 28 个项目。跨文化能力自评量表的构成见表 5.8。这部分采用李科特量表的评分方法，"1"代表程度最低，依次递增，"5"代表程度最高。

表 5.8　跨文化能力自评量表

一级指标	二级指标	项目数（个）	项目举例
跨文化能力（CC）	本国文化知识（A1）	3	了解本国的历史、地理和社会政治知识
	外国文化知识（A2）	7	了解外国的历史、地理和社会政治知识
	对跨文化交流的态度（A3）	3	愿意和来自不同文化的外国人进行交流和学习
	跨文化交流技能（A4）	9	出现跨文化交流误解时，通过协商、解释本国文化使对方满意的能力
	跨文化认知技能（A5）	3	具备通过与外国人接触而直接获取跨文化交际相关知识的能力
	跨文化交流意识（A6）	3	意识到与外国人交流时彼此存在文化相似性和差异性
合计		28	

注：CC：Cross-cultural competence。

该量表数据的加权方式如下（Peng et al.，2015；吴卫平，2013）。

一级指标权重为：

CC =（A1，A2，A3，A4，A5，A6）=（0.05，0.30，0.19，

0.25，0.06，0.15），

二级指标权重为：

A1 =（a1，a2，a3）=（0.33，0.27，0.40），

A2 =（a4，a5，a6，a7，a8，a9，a10）

 =（0.18，0.18，0.20，0.14，0.12，0.06，0.12），

A3 =（a11，a12，a13）=（0.50，0.17，0.33），

A4 =（a14，a15，a16，a17，a18，a19，a20，a21，a22）

 =（0.09，0.18，0.15，0.13，0.09，0.09，0.09，0.09，0.09），

A5 =（a23，a24，a25）=（0.34，0.25，0.41），

A6 =（a26，a27，a28）=（0.40，0.20，0.40）。

第三部分是简答题，目的是了解参与者对跨文化能力的看法、对自身跨文化能力的评价以及提升跨文化能力的策略等。

除问卷调查外，我们还随机选择了 12 位学生进行了半结构化访谈。半结构化访谈主要围绕 8 个问题进行，例如："你如何理解跨文化能力？""你如何评价自己的跨文化能力？""短期出国留学项目对你的跨文化能力的发展是否有帮助？""你采用了什么方法来提高自己的跨文化能力？"，等等。访谈用中文进行，每位学生的访谈时长大约 40 分钟。

（五）数据收集和分析

我们在学生参加出国留学项目前和出国留学结束后，通过问卷星发放了两次问卷，各收回有效问卷 35 份，有效率为 100%。我们用 SPSS 24.0 对问卷数据进行了统计分析。

对于访谈录音，我们首先进行了逐字转写，然后借助定性分析软件 MAXQDA 进行了标注、编码。为了提高定性分析的信度，本实证研究三位作者中的两位共同分析了转写出来的语料。

五、结果和讨论

（一）参与者在参加短期留学项目前后跨文化能力的变化

为了了解学生在参加短期留学项目前后跨文化能力的变化情况，我们根据前文所述的数据加权方案（Peng et al.，2015；吴卫平，2013）计算出了每位参与者跨文化能力问卷每一项二级指标的得分以及总分，并用配对样本 T 检验对出国留学前和出国留学后的得分进行了检测。数据分析显示，参与者的跨文化能力在短期出国留学前后发生了显著变化，他们在跨文化能力的 6 个维度上都有显著提高（表 5.9），跨文化能力综合评价也有显著提升（表 5.10）。

表 5.9 短期留学前后学生在跨文化能力各个维度上的变化

（配对样本 T 检验）

维度		均值	标准差	t	显著性（双尾）
本国文化知识	留学前	0.60	0.14	5.09	<0.001
	留学后	0.68	0.11		
外国文化知识	留学前	0.43	0.11	8.97	<0.001
	留学后	0.63	0.10		
对跨文化交流的态度	留学前	0.70	0.15	3.65	0.001
	留学后	0.77	0.11		
跨文化交流技能	留学前	0.60	0.13	8.69	<0.001
	留学后	0.72	0.11		
跨文化认知技能	留学前	0.54	0.13	6.88	<0.001
	留学后	0.67	0.14		
跨文化交流意识	留学前	0.58	0.18	5.77	<0.001
	留学后	0.75	0.12		

表5.10　短期留学前后学生在跨文化能力综合评价上的变化

（配对样本 **T** 检验）

		均值	标准差	t	显著性（双尾）
跨文化能力	留学前	0.56	0.11	9.44	＜0.001
	留学后	0.70	0.09		

图 5.2 中的柱状图直观地展示了大学生在短期留学前后，在跨文化能力的各个维度上的变化。

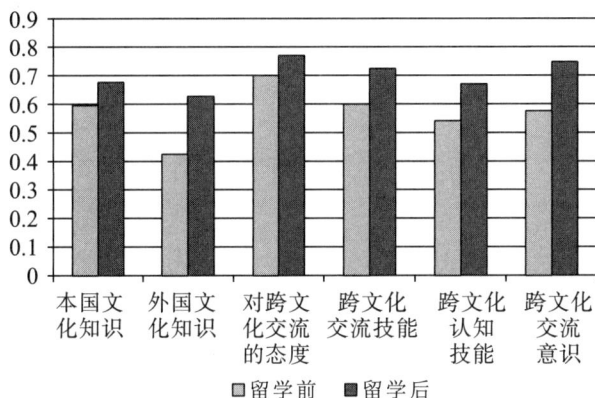

图5.2　短期留学前后学生跨文化能力的变化

由图 5.2 可以看出，在短期留学前后，学生对跨文化能力的"态度"均处于较高水平。参照问卷内容，我们认为这说明学生对跨文化交流持积极态度，愿意与来自不同文化的外国人交流和学习，能够包容外国人的不同价值观、生活习惯和禁忌，也愿意学习外语，理解外国人。相较而言，学生的"外国文化知识"虽然在留学后提升很大，但是排名仍然最低。这表明虽然短期留学有助于提升学生外国历史、地理、社会和政治等方面的知识，但要对相关知识有更多的了解，短期留学显然是不够的，还需要学生进行深入、长期的学习。

值得注意的是，短期留学项目中，学生沉浸在外国语言和文化环境中，这对外国文化知识的学习无疑大有裨益。但是从上面的数据可以看出，短期留学结束后，学生对"本国文化知识"的掌握也有显著提升。访谈研究显示，不少学生认为了解本国文化是进行成功的跨文化交流的前提，有了这个前提，他们才能在跨文化交流中自信、从容地与外国人交流。正如学生 F1 在访谈中所言：

> 跨文化能力，首先是包含对本国的一些政治、历史，然后还有三观，本国的一些风土人情，这样的一个本国文化知识的理解……就是通过对自己本国文化的了解和一些本国知识和技能的掌握，然后把文化自信树立起来了，然后在交流的时候就能不卑不亢地、自信地和对方进行一个交流，甚至是文化推广。

学生在跨文化交流中认识到了解本国文化的重要性，因此会努力提升自己的相关知识，深入了解中国文化。著名教育家蒋梦麟（2012）认为，对本国文化的了解愈深，对西方文化了解愈容易，因为文化既是国家的，也是世界的，不同的民族文化间存在共性和普遍规律。了解外国文化也能加深我们对中外文化差异的理解，进而加深我们对自己文化的理解。

（二）短期留学中影响跨文化能力发展的因素

我们对访谈数据进行了深入的分析，发现短期出国项目中影响中国学生跨文化能力发展的主要因素包括 5 个方面。

1. 对跨文化交流的态度

态度是跨文化能力的重要组成部分（Allport，1954；Orlandi，1992；Byram，1997）。奥尔波特（Allport，1954）认为，态度是成功进行跨文化互动的前提条件，人们需要有好奇心和开放的态度，随时准备对他人的观念、行为和语言等进行了解和探究。奥兰迪（Orlandi，1992）则用"意愿"来表达这一概念。他对跨文化能力的定义包括5个关键词：技能、理解、欣赏、意愿和能力。他认为其中最重要的是意愿，因为如果没有有意识的意图和愿望，跨文化能力的成就和实现是不可能发生的。同样，拜拉姆（Byram，1997）指出，跨文化互动的成功部分取决于人际关系的建立和维持，而这取决于态度因素。

我们对访谈数据的分析证实了上述观点。在回答"据你观察，本次交换项目中，跨文化能力强的同学具有什么品质？"这一问题时，所有学生都认为跨文化能力强的同学有更强的意愿与不同文化的人接触，并且积极寻求进行跨文化交流的机会。正如下面两位学生在访谈中所言：

> 这些表现好的同学，他们往往都可能抱着一种对未知的一些自己不是很熟悉的一些文化的和世界的一种，抱着一种好奇心。我觉得就更……对，就更想去知道别的一个文化、别的地方，另外一座城市、另外的一个国家它会是什么样子的。他们抱着一种这样的好奇心。（M3）

> 相比于那些喜欢与国内同学进行交流的同学，他们更愿意去尝试去迈出自己的舒适圈，与其他不同国家的人进行交流、做朋友。（M2）

对于这些积极参与跨文化交流的学生来说，汉语和英语的语言差异似乎不构成问题，因为他们并不认为这会阻碍他们参与跨文化交流。在跨文化交流的过程中，他们能通过积极的倾听来获取新知识，也能自信地用英语表达自己的想法。

　　我觉得这个问题是取决于所进行跨文化交际的那个人的心态。如果你对于自己的语言始终是一个比较害羞，然后总觉得这是自己的一个短板的这样一种心态的话，这就会成为一个阻碍。但是如果虽然我的语言不好，但是我非常坦然地接受这个事实，去勇敢地进行交流，那语言对于跨文化交际的影响就不会很大。（M2）

　　跨文化交流中，学生除了获得掌握新知识、提高自身能力的成就感之外，也时常遭遇挫折和困难，产生挫败感和失落感。因此，困惑、矛盾和挫折是跨文化交流中恒定的部分，需要学生调整好自己的心态，积极应对。

　　我觉得跨文化交际的时候会给人带来很大的快乐，但是挫折其实也很深的。……遇到这样的事情（跨文化交际过程中的挫折）是不可避免。我觉得跨文化交际中这方面的抗挫折能力一定要高。（F2）

　　正如迪尔多夫（Deardorff, 2006）所言，跨文化能力发展的关键是个人态度，例如对不同文化和价值观的尊重和好奇心。这些态度能激发文化自我意识、对其他文化的深刻理解以及进行相应行为的意愿和能力。一些学者（Peng et al., 2015）指出，很多中国学生从小就学习英语，对外国语言和文化充满好奇和开放性。本研究也显示（见表5.9及图5.2），参加本次短期交流项目的学生虽然语言能力、跨文化交流能力参差不齐，但是他们对跨文化交流均有非常积极的态度，这对跨文化能力的提升无疑是大有裨益的。

2. 文化知识储备

罗森（Rosen, 2000）指出，跨文化交流的关键因素是重视自己的文化，了解他人的文化，利用文化知识来加强自己的文化，并利用文化为自己创造优势。一个优秀的跨文化对话者应该具备相当的知识储备，例如本国文化知识、目的国文化知识等，这样才能言之有理、言之有据，为跨文化互动的顺利进行提供保障。正如怀斯曼（Wiseman，2001）所言，知识构成是评估一个人跨文化能力的重要指标。他强调，知识渊博的传播者需要具备对话者的背景知识，以及与另一种文化成员互动的愿望。怀斯曼（Wiseman，2001：211）的研究显示，优秀的跨文化交际者愿意花时间去倾听和学习，他们了解文化问题，善于与不同文化的人打交道。

我们对访谈材料的分析印证了上述观点。F1 在访谈中说道：

> 我觉得我身边有这样很好的跨文化交流能力的人，他们有一个共同的特质，就是能够把中西方文化融会贯通。他们可以在了解的基础上去讲出中西方文化的异同，甚至是他们背后的起源，去解释为什么会造成这样的异同，然后去理性地对待这些不同。然后我觉得更深层次的原因是他们能够有这样把中西方文化融会贯通的能力，是他们之前积累了大量的阅读量，就已经形成了很广的知识面，然后能在自己脑海里构架起一个很完整的知识框架，才能去把这样不同的文化融会贯通。然后我觉得还有他们还有共同的特质，就是总是以包容和开放的心态去看待不同的文化，并且会在这个过程中主动去了解对方的文化，可能是从很小的层面做起的。(F1)

卢西尔（Lussier，2007）认为，跨文化知识是跨文化技能和态度的一个重要组成部分。跨文化知识能增加跨文化交际者对他人和自我的理解，从而在交际中做出准确的预测和归因（Wiseman et al.，1989：351）。本研究的访谈数据显示，学生认为跨文化知识是跨文化能力的重要组成部分，他们愿意花时间去学习国内外的文化知识。例如，学生 F1 在访谈中举了下面的例子：

> 我之前有一个本科同学，他是高中的时候就去了加拿大，然后他也是通过与西方人的这种交流，渐渐地了解到需要对自己的文化有一个深入的认识。然后他就去学习做茶制茶。对。然后他就每个暑假回国的时候，他就去山里面，去学习怎么做茶，怎么制茶，怎么品茶，就是学习这一系列的茶文化的知识。然后他就在大学本科的时候，有一些外国的本地的同学，他就会主动地去跟这些同学，外国同学，去交流茶文化，然后去推广中国的茶知识，然后这样子的话会让很多外国人了解到我们的一些文化，我们的这些知识。这样子的话，他一方面受到了他人对自己的肯定，一方面他自己也对自己的有相当大的这种认知或者这种信任感，或者说是自信感。这样子的话他在沟通的时候，表现出来就特别好。（F1）

可以看出，具有较高跨文化能力的学生所具有的一个显著特点是，他们都拥有更丰富的国内文化和外国文化知识储备。这使得他们能够自信地宣传自己的文化，理性地看待文化差异，融合两种文化，并在不同的情况下灵活地选择和应用有关知识。

3. 英语水平

要进行成功的跨文化沟通，参与者需要具备一定的沟通技巧、外语能力、社会语言能力和语用能力等（Common European Framework for Languages, 2001）。但是，对于外语能力究竟是不是跨文化交流成功的必要条件，研究者们所持的观点并不一致。卡莱尔（Carrell, 1984）、小池（Koike, 1996）、奥尔森和克罗格尔（Olson, Kroeger, 2001）、希斯马诺格鲁（Hismanoglu, 2011）等认为，与语言能力较弱的学生相比，语言能力较强的学生跨文化交流能力更强。但是，沃森等人（Watson et al.，2015）的研究结果却不支持这一观点。沃森等人（Watson et al.，2015）对两百多名受试进行了为期两年的语言培训，并考察了他们参加短期海外学习计划前后的跨文化能力。令人惊讶的是，该研究结果表明，语言能力和跨文化能力发展之间没有相关性。

本研究的访谈数据部分地支持了沃森等人（Watson et al.，2015）的结论。当被问及英语水平对跨文化交际的影响有多大时，大部分学生认为，如果对话不涉及专业知识，英语水平对跨文化交流的影响并不大。正如学生 M1 所言：

> 在相似的场景下，或者是双方专业相同，然后都对某件事情感兴趣，或者是这个话题是经常输出的一个话题，然后这样的交流起来就没有什么问题，但是假如说这些条件都不符合的话，那么单单是语言水平很高的话也对跨文化交流没有太大的这种助益作用。（M1）

虽然学生们普遍认为语言水平在日常跨文化交流中的影响不大，但是如果跨文化交流中涉及较为专业的问题，语言的作用就凸显出来了。有学生认为：

> 从某种程度上来说，如果我们不是在进行非常深入的，可能涉及到某一专业领域的跨文化交流的时候，英语水平的影响不是非常大，但是当我们试图去探讨，涉及可能政治、经济、国际关系等等领域，非常深层次的跨文化交流的时候，专业词汇的积累和我们的表达方式，会让英语水平显得非常重要，而且也确实非常重要。（F6）

尽管学生们对外语能力在跨文化交际中的作用看法不尽相同，但是他们一致认为，语言能力不佳的确会影响学生跨文化交流的自信心以及对跨文化交流的态度。语言能力更好的学生对跨文化交流更有信心，更积极地参与跨文化话语。相反，语言能力较弱会降低学生对跨文化交流的热情，从而错过一些跨文化交流的机会，会使得他们在跨文化能力上的提升有限。在这一点上，学生 F2 的观点具有一定的代表性：

> 我上课有好些内容，听不懂，然后有些词你插空问旁边的人就很耽误你的学习的思路，然后就会很紧张，然后进一步就会觉得怎么会这样，我一直觉得英语水平还可以，我怎么上课听不懂。然后就不敢去跟老师交流，有很多信息你可能就沟通不畅。(F2)

虽然学生们认为总体来说语言对跨文化交流不造成威胁，但是在某些情况下，语言问题确实会给跨文化交流带来困扰。正如下面这位学生描述的例子所示：

> 第一次进入这种英语的工作环境，有很多不适应，然后我们的教学秘书给我们发了一封邮件，就跟我们说了，在这个地方要有接下来要去办的手续要怎样，然后最后写了一句要给他回信，但"要给他回信"这句话用的一个词，就是不是我们平时日常英语中用到的一个词，但我现在不记得那个词是什么，但我觉得挺生僻的一个词，我们十个人没有一个人注意到这句话。所以我们几个人都没有给他回信息。第二天我们到办公室去跟他见面的时候，他就非常的生气，就说你们为什么都没有人给我回信息，这是你们工作的态度吗？你们就这么不认真吗？当时我们是去的第二天就被骂了，所以我知道英语真的很重要。对，就是说你说不上哪方面有问题、

有错，但确实会造成这样的误会。（M4）

从上面的分析可以看出，对于日常的跨文化交流活动，大学生的语言水平已经足够，因此他们认为语言水平对跨文化交流的影响不大。但是如果跨文化交流中涉及较为专业的问题，这时语言能力的重要性就非常显著了。只有具备较高的语言水平，才能在专业性强的跨文化交流中游刃有余，取得良好的交际效果。

4. 个体性格

在研究中，我们发现学习者的性格因素对其跨文化能力的发展有明显的影响。即使参加了相同的留学项目，性格内向的学生与性格外向的学生相比，跨文化交流的机会少得多，因为这种性格会阻碍他们与有不同价值观、不同信仰和行为方式的人进行对话。如学生 M3 所言：

> 我觉得我个人还是相对有一点点内向，有些可能，尤其是第一次接触一些陌生人的时候，可能不太敢和他们搭话或者怎么样，或者表现的相应有一些拘谨。（M3）

前人研究表明，性格差异会导致跨文化能力的进步程度的不同。一些性格特征，例如乐观、开放和外向，可能与更高水平的跨文化能力有关（Caligiuri, 2000）。本研究发现，与外向型学生相比，内向型学生在跨文化交流中不主动积极，这使得他们错过了许多与当地人交流的机会，从而在一定程度上影响了其跨文化能力的发展。

5. 阻碍跨文化能力发展的因素

在出国留学项目中，学习者沉浸于目的语文化中，这无疑是提升跨文化能力的理想环境。但是，即使身处这样的学习环境中，仍有一些因素阻碍着学生跨文化能力的发展，例如中国学生倾向于统一行动的群体特性、外国人对中国人和中国文化的偏见等。

（1）中国学生倾向于统一行动的群体特征。

在研究中，我们发现由于不少学生是初次走出国门，出于对外国环境的陌生和畏惧，大家倾向于统一行动。统一行动无疑能提高安全系数，但是却让学生们失去了更多独立探索当地生活、体验文化习俗、进行跨文化交流的机会。访谈显示，大多数学生都意识到了这一点，但却很少有人真正走出这个舒适区。当然，这也有一定的客观原因：一方面短期交流项目的持续时间较短，学生们还来不及适应当地生活、走出舒适圈；另一方面，交流项目的日程安排也非常紧凑，学生们没有更多额外的时间去进行文化体验。参加交流项目的学习活动之余，大多数学生待在统一分配管理的学生宿舍里，与同宿舍的中国学生交流。如 M1 所言：

总体来说，在课外的安排上，其实比较，怎么讲……比较全面。安排得比较……怎么讲……把我们保护得很好。考虑的很面面俱到。然后对我们深入去了解这个国家或者说是课外的一些……一些项目，课外的一些活动，还是相对来说少了一点。因为大部分都是集体活动，然后会有一个所谓的导游，或者说是领队。对。然后也会有助教去安排我们怎么办，几点干什么。就会说是我们还是蜷缩在一个小圈子里面，这个小圈子里面有人去保护你，所以课外的活动对整个这个社会，就对国外社会可能了解的还是普遍比较少。那么最好的就是他什么都不管你。就把你丢在那里，然后你自己去探索城市、这个地方，那么你就会有更多跟国外人、跟当地人进行跨交流的这种机会。（M1）

我们在访谈中发现，有一些学生意识到了这个问题，于是主动积极地创造机会进行跨文化交流。例如：

> 我们在课堂、在课堂之外、在参观那些建筑之外，我们更多的时间可能会待在我们的寝室里，也就是他们给我们安排的一些住宿的地方。在那里其实不仅仅有我们国家或者我们学校派出的这些学生，还有比如说来自马来西亚、来自缅甸、来自日本、来自韩国的各种各样的同学，在这个过程中，我其实与他们很多人都成了很好的朋友，我觉得与他们的交流过程给我留下了非常深刻的印象。比如说我们会在晚上上完课以及进行完一天的行程之后，我们会在晚上到达我们地下室的公共区域。在那个地方我们会和各种各样的人坐在一起谈天说地，在饿的时候我们可以拿出自己国家自己拿手的一些菜目在餐厅进行烹饪，然后他们也会烹饪他们国家所比较喜欢的一些食物。我们在边吃边聊的过程中增进了对彼此国家的了解，也对对方的一些未来的规划，以及对于世界的认知有了更广阔的一些认知。（M2）

在陌生的外国环境中生活和学习，很多中国学生习惯于与来自本国的同学相处，而不是与来自不同国度、不同文化背景的学生相处。访谈研究显示，参加本次交流项目的同学都知道这样不好，但并不是每个人都有勇气走出舒适区。我们发现，擅长跨文化交流的学生是敢于走出舒适区并积极寻求跨文化交流机会的学生。

（2）外界的偏见。

在人际交往中，固有的偏见和刻板印象是很常见的。我们会对来自其他文化的人们甚至是自己的国家有偏见，外国人对我们亦是如此。我们在访谈中发现，偏见会给人们的跨文化交流态度带来负面影响，削弱人们自愿发起或回应跨文化交流的意愿。

在采访中,不少学生都谈到,自己曾被外国人多次问到"是否吃猫肉狗肉"。例如,学生 M1 讲述自己的一段亲身经历:

> 当然他们问这个问题的时候还带有一种戏谑的态度,第一次问我这个问题(吃不吃狗肉)的时候,是一个西班牙的留学生,他问的我这个问题,我就一直记到了现在。因为我是养狗的,我对这个问题比较敏感。(M1)

他进而叙述这种偏见对他参与跨文化交流的意愿的影响:

> 会有一方面这种对这方面的打击,因为当他人问得多了以后,你可能就会……你可能就会反感去回答这个问题,你可能就不太愿意去不厌其烦地再去重复你的答案,你就可能会不再去理会这些事情,会将这些事情过滤掉,就会你会慢慢地有一种这种态度。(M1)

一些研究表明,歧视是国际学生留学适应过程中最常见的压力(Sandhu,Asrabadi,1994)。这种压力与目的语文化成员对留学生的态度和行为有关,会直接影响国际学生与目的语文化成员的关系和交流。例如,意识到美国人的歧视态度的国际学生在与美国人进行交流时可能会感到不自在,从而会影响学生对跨文化交际的态度。

就其根源而言,对某个国家或某个民族的偏见往往是由于缺乏获得客观信息的机会和媒体的误导造成的。学会正确应对这些偏见,也是跨文化交流能力的重要发展目标。我们的访谈研究显示,学生们普遍认为固有的偏见是不好的。因此,在参与跨文化交流的时候,他们会想办法尽量改变自己对目的语文化所持有的偏见。例如，F2 说：

> 我认为我自己的刻板印象对我有很大的影响。例如，当我刚去意大利实习时，我其实对黑人有偏见，我害怕在街上看到黑人。然而，通过观察，我发现他们没有做任何令人不快的事情。就随着时间的推移，我逐渐放下了这种恐惧。因此，当我来到美国时，我对非洲裔美国人不那么害怕和担心了。（F2）

令人欣慰的是，学生们不仅能积极改变自己对别的国家和民族所持有的偏见和刻板印象，同时也尝试向对中国持有偏见和刻板印象的外国人介绍、宣传真实的中国，以改变他们对中国的偏见和刻板印象：

> 在我们后来提出要从出口强国变成制造强国的时候，就是不能再依赖于这些比较低端的产业，要真正去拥有自己制造的高端技术的时候，可能会引起很多国外人的不满，他们就觉得在我国产业转型的过程当中，就是一个像要成为霸权国家的，怎么说？就有这样的偏向。然后我觉得这样通过这一次的活动，能够纠正很多这样的被当作理所当然的事情，就可以跟不同文化的人解释说，其实我们国家是很久以前就已经这样了，并不是最近才开始有这样的意图或者企图。（F4）

奥尔波特（Allport, 1954）的接触理论认为，在人际交往中，改善负面态度的四个必要条件是：平等地位、共同目标、合作识别、社会规范。如果我们通过有意义的、平等的、合作式的接触来了解和理解他人的经历，我们的刻板印象和偏见将会减少，矛盾和冲突也能迎刃而解。也就是说，通过教育和文化交流，我们可以在相互了解的基础上建立更安全的世界。

六、结论

　　本研究考察了短期留学项目对中国大学生跨文化交流能力的影响，发现学生在短期留学项目后，跨文化能力有了显著提高。在定性研究中，我们通过对访谈数据进行深入分析，探讨了留学语境下影响学生跨文化能力提升的因素。我们发现，学生对跨文化交流的态度、国内外文化知识储备、语言水平、性格特征等因素均会影响短期留学项目中学生跨文化能力的提升。此外，还有一些因素对跨文化能力的提升有阻碍作用，例如中国学生喜欢统一行动的群体特征以及目的语成员的偏见等。

　　自 2020 年春以来，新冠疫情肆虐全球，国际形势充满不确定性。在这个充斥着质疑和偏见的时期，世界各国坦诚和平等的对话至关重要。作为国家的新生力军，大学生是全球化的重要参与者。大学生只有努力提高跨文化能力，才能在国际交流、合作中游刃有余，传递中国的声音，表达自己的观点，化解偏见和矛盾。

案例三 英语语境下中国留学生的课堂学习

——实践共同体中的社会化过程①

> *Travel, in the younger sort, is a part of education, in the elder, a part of experience.*
>
> — Francis Bacon

一、研究背景

随着经济实力的增强和人民生活水平的提高，我国已经成为世界上最大的留学生生源国，其中英语国家（美国、英国、澳大利亚等）是最热门的留学目的国。出国留学是培养国际化人才的重要渠道，通过在国外大学的专业学习和文化沉浸，留学生不仅能学到专业知识，还能开阔视野、提高外语水平，这对他们今后的就业和发展大有裨益。

对于在英语国家留学的中国学生而言，英语是他们课堂学习和学术交流的通用语言（lingua franca）。他们（尤其是研究生）需要进行大量的口头学术交流活动，比如课堂互动、口头报告、小组讨论、论文研讨等。但是，一些留学生由于英语能力不足，尤其是口头学术交流能力较为薄弱，在课堂学习和课外学术活动中不能与教师和同学进行充分、有效的交流，在一定程度上影响了专业学习的收益（Ho，2011）。

本研究以在英国留学的中国研究生为研究对象，探讨他们在一年的学习期间，如何适应以英语为媒介的课堂教学，融入课堂这个实践共同体，在二语学术语境下实现个体的社会化。

---

① 本实证研究作者为李佳芮、左红珊。

二、理论基础与相关研究

（一）语言社会化理论简介

20 世纪 90 年代以来，语言习得与教育学领域的学者日益关注社会文化因素在语言习得中的作用，主张将真实的社会环境和个体认知活动相结合，从两者相互作用、相互影响的角度来研究语言习得的本质和过程（Norton-Pierce，1995；Watson，Gegeo，2004）。语言社会化迅速成为热点并发展成为一个颇有影响的研究领域（Ochs，Schieffelin，2008）。在语言社会化的视角下，语言学习是一个包括语言实际运用、身份构建、社会文化体验等更多内涵的过程（Wenger，1998；Duff，Kobayashi，2010）。

语言社会化理论关注学习者语言能力的发展与社会文化环境的交互作用，认为语言具有社会组织、文化传承、塑造心理等多种功能，而语言学习过程就是将社会语言活动转化为个体言语的过程，亦即学习者实现个体的社会化的过程（Duff，2010a，b；Ochs，Schieffelin，2008；Watson-Gegeo，2004）。根据希费林和奥克斯（Schieffelin，Ochs，1986）的定义，社会化是每个个体（尤其是新手）终生经历的过程。在这一过程中，个体通过语言实践和社会互动，在学习语言知识和提高语言能力的同时，被引入特定的知识、信念、情感、角色、认同等体系，成为其中有能力的社会成员。

在语言社会化理论视阈下，语言学习不仅仅是接触、纳入和构建语言知识的过程，还是一个包含更多内涵的过程，比如对语言的实际运用、被目标语言共同体认同、身份的构建以及社会文化体验等（Wenger，1998；Duff，Kobayashi，2010）。一些学者把语言社会化理论应用到课堂学习中，认为学习不是独立的个人认知行为，而是与特定情境密不可分的，学习的过程不仅是获得知识的过程，同时也是知识重塑的社会过程（Wenger，1998）。学生不仅在和教师的交流中获得知识，学生们在课堂上的互相合作也是学习的过程（Lantolf，2000）。

（二）实践共同体

"实践共同体"是语言社会化理论的重要概念，它强调语言学习不是孤立的个人认知行为，而是与学习者参与的社会交互过程密切相关，学习的过程即学习者参与实践的过程（Duff，2010a，b）。在实践共同体中，一群关注点相同的个体互动合作、相互影响，从而提升自己相关领域的专业知识水平和技能（Lave，Wenger，1991）。实践共同体无处不在（Lave，Wenger，1991），每个人同时属于多个不同的实践共同体。在有的共同体中我们是完全参与者，是核心，在有的共同体中我们处于边缘的位置。正是我们在所有这些共同体中的参与构成了我们的日常生活，并决定了我们的身份。

温格（1998）认为，"实践共同体"是一个整体概念，不是所有的"共同体"都有"实践"，同时也不是所有的"实践"都可以定义为"共同体"。他指出，实践共同体有三要素：相互的介入、共同的事业、共享的技艺库。首先，相互的介入。实践不是抽象的概念，它发生在相互介入的现实关系中，它因为人们参与了各种彼此协商的行为而存在。因此，共同体中成员的关系就是相互介入的关系，人们对实践的参与是意义协商的过程（赵健，2006）。其次，共同的事业。事业的"共同性"并不是要求实践共同体的所有成员都必须有着共同的信念，或者在每一件事情上都达成一致，而是体现为实践共同体中该事业是经过共同协商的，是共同体成员在实践参与的过程中逐渐确定并发展起来的。共同的事业是共同体的合作之源、意义制定之源、共同介入之源（周楠，2011）。第三，共享的技艺库。它是某一个共同体所共享的一套资源，包括惯例、用语、工具、行事方式、经历、态度、行为、概念等。它们在共同体存在的过程中逐渐产生、得到应用，进而成为这个共同体中实践的一部分。共享的技艺库使共同体中的实践和资源随着时间而不断得到发展（Anderson，2008）。共享的技艺库反映了共同介入的历史，承载了共同体中的实践，也将在未来的实践活动中反复使用。它既是意义协商的限制因素，同时也是新意义产生所要利用的资源。

温格（Wenger，1998）和诺顿（Norton，2001）用"老手"和"新手"将实践共同体的成员进行分类。实践共同体中的"新手"通过参与共同体活动，不断与知识、经验更为丰富的"老手"互动，掌握更多的知识和信息，提高自身能力，进而更充分地参与共同体活动，从"边缘性参与"逐渐过渡到"完全参与"，成长为共同体中更有能力的成员。这种参与和互动是学习知识的重要途径，也能有效地帮助学生把知识转化为能力。

莱夫和温格（Lave，Wenger，1991）强调，合法的边缘性参与是"新手"参与实践共同体活动时的主要特征。以英语语境下的中国留学生为例，最初他们被某些动机驱使，到英语国家的某个大学留学。他们是自己所处的实践共同体的合法成员，同时也试图通过学习成为更有能力的共同体成员。

（三）课堂作为实践共同体

对照温格提出的实践共同体三要素，很多研究者和教育专家认为，课堂是典型的实践共同体（赵健，2006；周楠，2011）。以大学课堂为例，在某个固定的时间，教师和学生来到课堂，共同参与课堂活动，这是"相互的介入"活动。虽然在进入大学前学生们的个性、经历、成长背景、对未来的期望以及学习生活中遇到的困难各不相同，他们对大学这个全新的学习环境的应对策略也各有不同，但是他们在同一所大学、在同一个班级，为学习某门课程这样一个"共同的事业"而努力着。教师组织的课堂教学活动、学生参与的课堂学习活动、学生的学习方式以及教师的教学语言、教学方法、课堂组织方式及教育目标是

"共享的技艺库"。由此可见，在课堂学习中，教师和学生使用共同的教材，遵守共同的课程设计，从事同样的活动，在取得了共识的技艺库中努力提高学生的专业知识水平，即课堂成员（教师和学生）有着共同的事业、共享的技艺库并共同努力获得学习的进步，所以课堂是一个实践共同体。

对于在英国学习的中国留学生而言，身处英语作为第二语言的学术环境中，英语是他们课堂知识获取与学术交流的通用语。除了积累专业知识外，他们还面临着提升学术英语能力的挑战。对他们来说，课堂不仅是学习专业知识的地方，也是他们身份构建的重要场所。通过在课堂学习中积极参与教学活动、与教师和同学交流互动，他们能逐渐掌握本专业领域的知识、提升英语能力，同时也能获得深度文化体验（Luke，2003）。但是，在外语课堂这个实践共同体中，对于"新手"来说，"合法的边缘性参与"并非易事，它往往伴随着自卑感、斗争感、冲突感、寻求协商和相互理解（Lantolf et al., 2001）。在第二语言环境下，学习者融入课堂实践共同体则面临更大的困难和挑战。实证研究表明，学术导向的社会化是一个艰苦而复杂的过程（Morita，2004，2009；Zappa-Hollman，2007；Zappa-Hollman，Duff，2015），第二语言学术环境下的社会化则更是如此。森田（Morita，2004）指出，第二语言环境下学习者对二语课堂的适应情况值得特别重视，相关研究有利于东道国的教育部门制订可行的策略以更好地适应留学生的学术和社会文化需求。但是，迄今探究留学语境下中国学生的课堂学习状况的研究尚不多见。为此，本研究将以在英国攻读硕士学位的中国学生为研究对象，探讨中国研究生在留学语境下，如何融入课堂实践共同体、实现个体的社会化。

三、研究方法

本研究为定性的个案研究，具体研究方法如下。

（一）研究背景

在英国政府全球教育运动的推动下，自 1999 年以来，英国吸引了大量的中国留学生（de Wit，2002），从而为本研究的数据收集提供了理想的研究场所。本研究的一位作者曾经在英国大学访问学习，另一位作者则在英国取得了硕士学位，这为本研究的开展提供了便利。

（二）研究对象

本研究邀请 3 名在英国攻读硕士学位的中国学生为受试，数据收集从 2017 年 9 月至 2018 年 6 月，历时一个学年。3 名受试均为女性，平均年龄 24 岁，她们在英国所学的专业分别为法律、艺术、英语教育，文中将她们 3 人称为受试 A、B、C。3 位受试的英语水平参差不齐：法律专业的学生（受试 A）在本科学习期间没有重视英语口语训练，英语口语能力不强。因此，在英国课堂中，她对课堂发言感到紧张。艺术专业的学生（受试 B）在过去的学习中过于专注艺术课程的学习，忽视了文化课程的学习，在英语的学习和使用上面临严峻的挑战，在课堂内外都尽量避免使用英语口语。英语教育专业的学生（受试 C）在本科学习中接触英语口语的时间最长，英语口语流利，有较强的交流意愿与英语母语者交谈。

（三）数据收集

本研究采用了多种数据收集方法，如半结构化访谈、受试的学习反思等。访谈的目的是了解受试在英国学术环境中的口语适应能力和熟练程度。考虑到时间和空间限制，采访以网络形式进行。受试可以用中文或英文回答问题。

在访谈过程中，受试被问到几个关于客观事实的问题，例如课程内容、课堂口语发言频率、课堂交谈对象以及关于个人感受的开放式问题，例如口语使用的焦虑、对话题/交谈对象的偏好、对学术英语口语的自我评价以及当前使用学术英语口语的困难。访谈中的开放式问题主要有：

（1）课堂学习中，你的主要英语会话对象是谁？

（2）你如何评价你在课堂上的口头参与和表现？

（3）你现阶段的英语口语学习是否有困难？如果有的话，是否采取办法来克服这些困难？

此外，为了解更多信息，我们还请受试撰写学习日志，内容包括课堂学习情况、课程作业要求、教师的评价等。

（四）数据分析

我们将访谈录音逐字转写出来后，采用主题分析法对访谈记录和受试的日志进行分析。首先，我们反复阅读这些资料，充分了解数据；其次，我们从资料中识别出不同的主题（themes）；最后，我们回到访谈记录中核实主题，并根据研究问题提出子主题和支持细节。为了保证研究的信度，两位研究者共同分析了所有的资料。

四、研究结果与讨论

访谈分析显示，3 名受试一致认为提高口语能力不但能让她们更自如地表达自己的想法，也能促进她们在人际关系方面的进步，因此她们都表现出对提升英语口语能力的期盼。3 位受试将所处的课堂作为更广泛的外部英语社区的缩影，认为课堂口语发言有助于构建预期的个人身份，即获得合法的课堂成员资格，成为课堂实践共同体中有能力的成员。

温格指出（Wenger，1998），实践共同体的个人成员身份在本质上体现为基于能力的身份。本研究发现，受试预期的课堂身份构建取决于个人实际英语口语能力，此能力体现在演讲、小组讨论或回答老师的问题等一系列课堂活动中。虽然 3 名受试在适应英国课堂教学的过程中有一些共性，但是他们在课堂学习中从"新手"到"老手"的社会化过程受制于个人的英语能力，体现出明显的个体差异。下文将对每一位受试进行深入的个案分析，探讨他们在课堂这个实践共同体中的社会化过程。

（一）受试 A：课堂中的焦虑与挣扎

英语口语能力为留学生在陌生的、高互动性的国外课堂中的身份构建奠定了基础（Alred，2003）。构建合格的英语使用者的身份对留学生获得学术实践共同体的合法成员资格具有重要意义，但却充满挑战（Bailey，Nunan，1996）。课堂学习中，大多数海外学生都会经历心理挣扎，例如当他们在课堂上被教师要求发言、进行口头汇报、与外国同学进行学术讨论时，他们都会感到焦虑。研究发现，这种焦虑会导致留学生的自我否定和在课堂口语活动中的沉默（Tóth，2011）。

为了在二语课堂中建构合法参与者的身份，学习者渴望通过较为生疏的第二语言展示个人学术能力与性格，因此他们的自我认知将受到可能出现的自卑感与困惑感的影响（Horwitz et al.，1986）。以受试 A 为例，她担心英语口语能力不足会阻碍她参加课堂讨论，且英语口语能力不足将会引发老师与同学的潜在负面评价。因此，即使在知道答案的情况下，她的课堂发言意愿也非常低。

在英国攻读法律专业硕士学位的过程中，受试 A 在课堂口语活动中意识到了她最初的设想与实际经历之间的落差。在出国留学之前，她以为自己到英国学习后能够很快适应课堂学术话语，但到英国留学之后，她觉得自己的英语口语能力非常欠缺，在说英语时有强烈的焦虑感。

在课堂上讲英语对我来说很有压力。我觉得自己表现很差，也只会用简单词语来表达想法……这可能会对我的个人形象产生负面影响……因为会同时受到老师和同学的评价，我感到有些无所适从。（受试A）

米勒（Miller，1999）指出，对第二语言使用者来说，以"内部人"（insider）的身份被同伴倾听是一种挑战。受试A所说的这段话，反映了她在参与课堂活动时的焦虑和挣扎。受试A对自己口语能力欠缺的认识，以及她对自己与其他同学之间的差距的自我认知，为她参与课堂活动造成了巨大的障碍，这直接影响到她在课堂学术实践共同体中身份的构建。为了更好地理解受试A的身份构建轨迹，我们根据斯特劳德等人（Stroud et al.，2006）的研究，将她的课堂焦虑分为源于能力（competence-based）的焦虑和源于身份（identity-based）的焦虑。

首先，受试A的焦虑源于对自身英语能力的评判。研究表明，在二语教育环境中，学习者的参与以及学习者与其他成员的互动协商会受到消极自我认知的阻碍（Tsui，1996）。受试A将课堂上"紧张"的感受归因于口语能力的欠缺，因此在语言使用方面感到困难：

我真的认为在课堂上的口语发言很难，因为我的口语能力较差……我的词汇量也不足，这使我很难正确表达自己的想法。（受试A）

受试A认为自己口语能力较差、词汇量不足，这导致了她在说英语时强烈的不安全感。由于对自己的语言能力缺乏自信，受试A畏惧在课堂上发言，因此错过了很多在课堂实践共同体中构建自己身份的机会。

其次，源于身份的焦虑。在英国课堂学习中，受试 A 强化了自己"二语使用者"的身份，非常担忧来自老师的潜在的负面评价，这是一种典型的源于身份的焦虑。受试 A 的另一重身份则是"中国学生"，作为一名接受了十多年中国教育的学生，她很难适应西式的教育方法：

在课堂上，老师们经常提出问题，要求每个人回答……这与我以前在中国的教育经历大不相同：在中国，老师们经常专注于传授知识，只会简单检查我们是否已经理解。（受试 A）

传统的中国课堂中，通常学生人数较多，为了达成教学目标，教师对知识传授高度重视，课堂教学以教师讲授为主，课堂中师生口头交流的时间和机会有限（Jin，Cortazzi，2006）。在这种情况下，学生往往没有太多的发言机会，做一个安静的倾听者即可。在英国课堂中，教师给予学生大量的机会表达自己的观点，学生积极参与课堂互动是一项硬性要求，并会被计入期末成绩。受试 A 长期置身于中国的传统教育模式中，很难适应师生交流方式不同的英国课堂环境。在课堂上，她虽然知道参与课堂互动的重要性，但是却不喜欢发言：

我真的不喜欢做口头回答，但是老师经常催我回答……又因为词汇和语法有限，我也需要更多的时间来思考答案。（受试 A）

此外，"中国学生"这一身份使得受试 A 对课堂中其他中国学生对自己可能的评价非常敏感，这也是导致她不能积极参与课堂互动的一个去动机因素（demotivator）。她说道：

我不敢经常在课堂中经常发言，因为其他中国同学似乎都很沉

默……所以我想如果我过于积极，他们可能会认为我是在炫耀以吸引老师的注意。（受试 A）

受试 A 刻意避免课堂口语发言的行为，与沙米姆（Shamim，1996）的研究结果一致，即过度勤奋可能会削弱个体学习者的同伴接受度（peer acceptance）。得到同学认同的压力阻碍了受试 A 参与课堂口头互动，这不仅不利于她的英语学习，也不利于她在实践共同体中从"新手"到"老手"的身份构建。

当学生意识到自己在师生交流过程中的积极参与和同学们的沉默之间的不匹配时，学生不愿意与教师进行口头交流，奥莱特和贝利（Allwright，Bailey，1991）将此称为基于身份的同伴接受度意识（identity-based concerns about peer acceptance）。王（Wong，1984）对香港一所中学的学生进行了研究，将学生在课堂口语活动中的普遍性沉默归因于中国社会"高度谦逊"（maximum modesty）的价值观念。受此观念影响，学生会尽力避免公开地、充分地展示个人语言能力。

在为期一年的硕士课程中，由于受试 A 获得周围的中国同学认同的倾向越来越强，她对提升英语口语能力的愿望越来越淡薄，只是希望在留学期间能学好自己的专业就行。

（二）受试 B：课堂中的沉默与反思

对受试 B 的访谈显示，她在留学过程中，有意识地保持沉默、避免参与课堂口语活动是一个突出的问题。研究者们从不同角度，例如教学法、学生性格等出发，对这一主题进行了深入的研究（Tsui，1996；Losey，1997；Nakane，2007）。整体而言，亚洲学生在课堂讨论中表现不积极，因此一些学者称他们为沉默的被动型学习者（Flowerdew，Miller，1995；Hilleson，1996），并由此引发了有关第二语言焦虑、文化多样性、课堂权力不平等的一系列研究（Norton，2000；Leki，

2001）。

作为伯明翰城市大学的艺术系学生，受试 B 认为英语学习颇具挑战性。她到英国攻读硕士学位主要是由于国内不甚乐观的求职环境，她希望海外硕士学位能有助于她在毕业后找到满意的工作。然而，当被问及在英国课堂上发言的感受时，她回答道：

> 在课堂中，我几乎不敢和同学说话，也不敢回答老师的问题……只是因为我觉得他们会嘲笑我在一些非常基础的语法和词汇方面犯的愚蠢错误。在国内学习期间，我的英语一直很差，而且我认为现在的情况更难改变。中国同学们的口语水平都比我强，更不用说那些英国同学了……所以我最好在课堂上保持沉默。（受试 B）

可以看出，受试 B 并不认为自己具备课堂发言的语言能力，这一方面是因为对自己语言能力缺乏自信，另一方面，她也对老师和同学可能对自己的负面评价忧心忡忡，担心他们"嘲笑"自己在英语使用中犯"愚蠢"的错误。因此，她认为自己在课堂上"最好保持沉默"，以有效避免遭他人取笑。

另外，在其他口语熟练的同学面前，她的焦虑由于潜意识的比较而激化，认为"他们都比我强"。由于英语口语能力欠佳，受试 B 产生了消极的自我定位，不但受到来自英国同学的压力，即使在与中国同学的课堂互动中也倍感压力。虽然从访谈中可以看出，受试 B 渴望成为课堂实践共同体中合格的参与者，但由于她在课堂学习中缺乏有效的参与，她作为被动学习者并未成功地完成自己身份的构建，仍然处于课堂实践共同体的边缘。

在出国留学之前，受试 B 也做了积极的准备，参加过一些英语口语培训班，但收效甚微。

> 如果发现之前那些口语课程毫无用处的话，我不知道如何应对
> 这种尴尬……所以我觉得最好躲在教室后面，在那里我才能感到安
> 全与解脱。（受试 B）

可以看出，受试 B 对自己在留学前英语培训课程中投入的时间和
精力深感怀疑，认为其"毫无用处"。受试 B 作为一名英语成绩长期欠
佳的学生，相较于合作性学习，偏好自主独立性的学习方式。在留学过
程中，这种倾向引发了一系列其他心理问题，如在课堂情境中的孤立感
和他者感（otherness），觉得自己与其他人格格不入。

对于受试 B 在课堂互动中习惯性的沉默，我们也可以从文化的角
度予以解释（Carrasquillo，Rodriguez，2002）。一些研究者指出，完美
主义是中国学生普遍存在的一种心态，这使学生们对暂时性的挫折过于
敏感（Gregersen，Howwitz，2002）。受试 B 由于对自己英语口语缺乏自
信，无意识地放大了自己在英语使用中的错误以及由此产生的危害，最
终导致自己在课堂互动中的被动与沉默。研究表明，在二语学习中过于
强调纠错，会使学习者忽略真正的语言学习（Brophy，1999）。不少研
究者发现，亚洲学生所接受的传统教育与西方国家重视发散和批判性思
维的教学方式相去甚远，整体而言，亚洲学生在课堂上表现得温顺安静
（如 Asakawa，Csikszentmihalyi，1998；Everhart，1998）。

尽管受试 B 在课堂上通常三缄其口，但是她在访谈中也从另外一
个角度对自己不参与课堂互动的行为作了解释。她认为这么做能使她在
记笔记时保持高度敏感，并能更专注地学习其他同学发言中的表达方
式。她说：

保持沉默给了我足够的时间去注意别人在说什么。我会写下一些好的例子，并尝试将它们纳入我自己的口语表达中。（受试 B）

对受试 B 来说，沉默并不是单纯的回避课堂互动，而是赢得时间来进行反思和认知加工，从而进行自主学习的一种策略。在课堂实践共同体中，学习者必须通过积极参与共同体中的活动、与共同体中的其他人互动来构建自己的身份。采取沉默的策略实质上是不参与的表现，意味着受试 B 并未将实践共同体中个体身份的构建作为重要任务（Norton，2001），而是将自身语言能力的提高作为课堂学习的主要目标。

受试 B 认为，自己是否参与课堂互动也在很大程度上取决于课程要求：

我的发言积极性取决于课堂环境。虽然有些课程气氛活跃，师生互动性强，但在另一些课程中，为了达到老师的期望，我常常感到紧张和疲倦。（受试 B）

在英国学习的一年中，受试 B 修读了 6 门课程，各位任课教师对学生的课堂发言有不同的要求。一些教师会给予学生足够的自由保持沉默，不强制要求学生进行课堂发言，同时尽可能提供鼓励与适时指导。在这种情况下，教师的共情有助于缓解受试 B 对课堂发言的恐慌情绪，因为她不参与课堂口语活动的行为得到了教师的理解与许可，也就是说，她的边缘性参与是合法的。而另一位教授则采取了略带强制性的态度，经常在课堂上点名邀请学生发言。受试 B 认为，强制发言的方式确实能促使她更快地进行信息处理和语言转换，但是也有明显的副作用：一旦她无法进行标准流利的发言，就会产生强烈的尴尬感和课堂身份边缘化的感觉。

受试 B 的经历反映了语言学习者身份的多元性与矛盾性（Norton，2001）。受试 B 作为一名英语水平相对较低的学生，由于对自己的语言能力缺乏自信而不参与课堂口语活动，但是这种"不参与"仍然为其他学习机会提供了可能（Wenger，1998）。例如她可将参与口头互动的时间用于记笔记、独立思考或观察同学的表现，这对学习无疑也是有益的。在身份构建方面，这一发现与森田（Morita，2004）有关留学生在二语环境中口语学习的研究结果一致。森田指出，学生的"不参与"其实也是构建个人形象的一种方式，随着时间的推移，其构建的这种形象也会逐渐被其他课堂成员认可和欣赏。

（三）受试 C：课堂中的积极参与者

如前所述，受试 C 本科就读英语专业，有较高的英语水平。在英国读研期间，她希望进一步提升自己的英语能力，达到类似英语母语者的熟练程度，因此她充分发挥自己的主观能动性，积极参与课堂互动，以成为实践共同体中更有能力的合法成员。在课堂学习中，受试 C 采用了一系列的策略，成功实现了有能力的共同体成员身份的构建。

1. 寻求与英国学生互动的机会

在访谈中，受试 C 多次谈到她"充分利用课堂互动"，如与同学交流互动，或要求老师以更浅显易懂的语言讲解知识等。此外，她在学习中意识到寻找讨论伙伴以及与英国本地学生交朋友的重要性。她将积极参与课堂口语活动作为一种减轻焦虑和增强自信的有效方式，大胆地与英国同学进行口头交流。最初，她尝试与坐在她身边的学生进行随意交谈，等到双方比较熟悉以后，再在学术方面进行讨论。她认为这样的策略产生了积极的效果：

到了学年末，我不仅对使用英语口语更有信心，还交了很多朋友。他们非常热情友好，在学习和日常生活中都给了我许多帮助。（受试 C）

由此可见，她不但成功地扩大了自己在二语语境下的交际范围，也扩展了自己的实践共同体的范围，构建了一个有利于学业进步的支持性的社会框架。对她来说，英国本土的同学并不可怕，相反，他们是富有同情心的伙伴，她可以与他们进行交流，展示她作为令人愉悦的对话伙伴的身份。从这个角度看，她符合鲁宾（Rubin, 1975）对优秀语言学习者的定义，即在真实的语言环境下，自发地使用目标语言，并积极提升交际能力。受试 C 将自己的英语口语进步归功于与同班同学的交流互动，这与很多二语习得研究者的发现是一致的。例如，朗（Long, 1981）认为，二语学习者和母语者之间的互动中的语言协商，对中介语的发展大有裨益。

随着时间的推移，受试 C 逐渐适应了英国课堂的节奏，并积极参与课堂讨论。她叙述了自己在课堂上发言时所经历的心理变化：

我对自己目前在课堂上的口语表现感到很满意……一开始我感觉大脑一片空白，不知道该说什么，但现在我可以自信地与他人交流想法。（受试 C）

作为一个有一定英语能力的二语使用者，受试 C 采取积极的互动策略促进课堂身份建构。如布里斯林和吉田（Brislin, Yoshida, 1994）所言，此方法不仅有助于培养学生对课堂口语活动的积极心态，与英国同学的合作互动也能提高学生在新的学术环境中接受和内化不同规范的能力。在第一个学期结束时的访谈中，受试 C 表示自己与英国同学的互动对学习很有帮助。首先，这些互动让她的学业表现更为优异，给她带来了成就感。韦斯特伍德和巴克（Westwood，Barker，1990）的研究也发现，海外学生通过与东道国学生的合作，可以取得更好的成绩，获得更强的满足感。正如受试 C 所言：

> 与刚来英国时的心态不同，现在我真的很有信心与英国同学主动对话。我不再害怕他们对我英语口语的负面评价，并认为自己是英国课堂的一分子。（受试 C）

这样的陈述与不少学者对留学生海外学习经历的研究结果一致，例如，施拉姆和劳夫（Schram，Lauver，1988）发现留学生与目标语成员的主动接触有助于缓解如思乡、焦虑和疏离等负面情绪；苏丹和柯林斯（Surdam，Collins，1984）的研究也表明，与目标语成员的频繁互动能促进留学生的文化和学术适应。以受试 C 为例，她对课堂环境的不断适应逐渐超越了课堂环境，延伸至课外日常生活，她在日常生活中也表现得更加得心应手。她与同班的英国同学成了朋友，这种跨文化友谊增强了她对英国课堂的熟悉感和归属感：

> 目前，我和三个英国同学交了朋友，并很高兴与她们在一起。我们互帮互助完成小组作业，进行课堂讨论，也逗趣讲笑话。（受试 C）

从受试 C 的访谈不难看出，她在课堂学习中所采取的策略和持续的努力产生了积极效果。她逐渐向同学们证明，自己是一个有能力的课堂成员。

2. 寻求国际学生的支持

在英国教室里，受试 C 将自己与其他较少主动发言的留学生视为一个整体。她通过与其他留学生交流，发现在课堂中使用英语发言对大多数留学生来说都很困难。因此，受试 C 的语言焦虑得以减轻。萨拉森等人（Sarason et al.，1990）认为，这种意识可以营造一种"安全网"心态，有利于缓解紧张的课堂气氛。奥斯汀（Astin，1993）也认为同伴支持有助于留学生稳定情绪、适应国外的学习，并能对留学生英语口语的发展产生积极影响。正如受试 C 在访谈中所说：

> 教室里的其他留学生真的有助于减轻我的课堂压力。英语对我们而言，都是一门二语或外语，因此，我们更能对彼此所经历的困难感同身受，并向着类似的目标努力。(受试 C)

可以看出，受试 C 意识到自己与其他留学生的口语能力差不多，这缓解了她在课堂上的压力，并使她敢于向这些同学倾诉自己在学习中遇到的挫折。同学们则会给予她正面的反馈，这在一定程度上缓解了她由于学习压力而产生的沮丧和焦虑。另外，通过认识到自己与其他同学的相似性（Lave，Wenger，1991），受试 C 增强了在课堂实践共同体中的归属感和认同感，这对她最终克服困难融入英国课堂非常有益。

在课堂上，受试 C 在使用学术英语时更有信心，这使她成了课堂小组讨论的领导者。例如，在一次课堂口语活动中，她所在的小组被分配到的话题是"气候变化"。她毛遂自荐担任组长，并通过组织讨论、简化阅读材料、鼓励组员发言等措施，缓解小组成员的紧张感。在进行这个活动的过程中，受试 C 的收获不仅体现在带领小组成员成功地完成任务上，更重要的是，在自我认知方面，她意识到自己是海外留学生中一名合格的英语口语使用者：

这样的经历真的增强了我在课堂上的自信。我可以帮助其他学生，并引导小组讨论朝着正确的方向发展。（受试C）

不难看出，为了适应在英国的学习，受试C采用的一个重要策略是自主寻找外部支持以缓解使用英语口语时的紧张感。她与其他同学建立了和睦友好的关系，这让她逐渐将自己视为一个更大群体中的一员，而不是孤立的个体。在这个实践共同体中，她可以在必要的时候向其他成员寻求支持和帮助。研究表明，这种策略有助于学习者适应课堂环境（Norton，2001）。受试C在一年的硕士研究生学习中，对课堂上的口语挑战始终保持积极态度，总是积极、自发寻找与他人互动的机会，如参与课堂互动、充分调动周围的人际资源、参与有意义的学术互动等。在高度的个人自信和充足的外部支持的基础上，这些努力为受试C日渐流畅的英语口语和更优异的学术表现奠定了坚实的基础。在英国课堂学习中，她成功地实现了从"新手"到"老手"的身份转变，她既是课堂学习活动的受益者又是贡献者。

（四）讨论

上文以3位在英国攻读硕士学位的中国研究生为研究对象，探讨了她们在英国课堂学习中的社会化过程。在英国大学课堂中，学生需要使用清晰流利、符合英语表达习惯的语言参与课堂互动，获得课堂实践共同体中其他成员（如教师、同学）的认可，构建合格的共同体成员身份。但是，对这3位留学生的个案研究显示，适应英国课堂的学习、成功地在实践共同体中构建合格的成员身份并非易事。由于对自己的语言能力缺乏自信（如受试A），或者难以适应英国课堂的教学方式（如受试B），受试A和受试B虽然也做了努力，但仍未能很好地融入课堂学习。与之形成鲜明对照的是受试C，由于她的英语能力较强，而且对在英国的学习有明确的目标，因此在课堂学习中她能采取积极有效的策略，一方面尽量化解自己在全新环境中的学习压力，一方面调动各种有利因素为己所用，主动参与课堂实践共同体的活动，最终成功地构建了"有能力的"课堂成员的身份。

由此可见，在二语环境下若要成为实践共同体中有能力的成员，二语语言能力至关重要。这是因为，学习者需要通过参与实践共同体的活动以及与共同体中的其他成员互动，才能实现身份的构建，而语言则是参与和互动的重要媒介。只有具备一定的语言能力，学习者才能在实践共同体的活动中有效地表达自我、展示自己的才智，被共同体的其他成员接受和认可，从而成为实践共同体中"合格"的成员。此外，行之有效的交际策略也对学习者个体身份的构建有着积极作用。以受试 C 为例，为了融入课堂实践共同体，她采取了一系列措施。在课堂互动中，她先是和邻座的英国同学交谈，讨论一些日常的话题，这么做不仅能拉近她和同学的距离，也能缓解她在英国课堂中的压力。彼此熟悉之后，她开始和英国同学讨论学术问题，因为有之前的寒暄作铺垫，即使探讨学术问题对英语能力有较高的要求，她也能和同伴顺利地完成讨论任务。随着自身学业能力和英语水平的不断提高，她开始进行新的尝试，在小组讨论中主动担任组长，组织、领导小组成员进行讨论。毋庸置疑，相比刚到英国课堂学习时，此时她在课堂实践共同体中已经成为更有能力的成员，能在实践共同体中担任更重要的角色，发挥更大的作用。也就是说，她在课堂实践共同体中实现了较为成功的社会化。

五、结论

研究表明，学术导向的社会化是一个艰苦而复杂的过程（Morita 2004，2009；Zappa-Hollman，2007；Zappa-Hollman，Duff，2015）。本研究的结果证实了这一结论。从 3 位中国留学生在英国课堂的学习经历可以看出，她们在构建理想的课堂实践共同体成员身份时经历了种种困难，有的学生能成功构建起合格的课堂成员身份，但有的学生却始终徘徊在课堂实践共同体的边缘，未能真正成为课堂学习的一分子。基于本研究的结果，我们对留学语境下的课堂教学提出几点建议。

首先，第二语言课堂是一个社会情境实体，教师应该充分认识到课堂话语的复杂性及其对学生的重要性。学生不仅能通过课堂话语学习专业知识，也能通过课堂话语赢得合法的课堂成员身份（Morita，2004）。因此，教师在课堂活动中应重视激发学生的自主性，一方面为学生创造充足的学习机会，一方面积极促进学生、师生间的口语互动。比起把学生当作被动的、仅简单吸纳知识的接受者，教师应将重点放在鼓励学生参与课堂活动上（Warren，Rosebery，1996）。

其次，在课堂教学中，教师需要采取策略减轻学生使用二语发言时的焦虑，例如给予学生足够的自由，根据他们的个人兴趣安排课堂活动等。学者指出，选择学生喜欢的讨论话题能鼓励他们更多地使用二语交流，这有益于学生的课堂参与和语言习得（张文忠，夏赛辉，2011）。此外，在课堂提问时，教师适当地延长等待时间可减轻学生使用二语发言时的焦虑。罗威（Rowe，1986）的研究显示，等待时间对于学习英语的中国学生具有特殊的文化意义，因为中国学生普遍持有从众思想和面子思想。在第二语言课堂中，一旦学生为英语口语表达缺乏流畅性与准确性而感到焦虑，这两类价值观就会受到挑战。因此，教师需要以足够的同理心对待二语能力较弱的学生。研究也表明，对于学习较为吃力的学生，如果教师的行为不当（例如对课堂发言失败的学生予以处罚），则会加剧他们的课堂焦虑，严重影响学习效果（Tsui，1996）。

除减轻学生的口语焦虑外，教师还应帮助学生提升交际技能。教师应营造有利于学生获得更多实践机会的课堂氛围，指导他们使用目标语言进行自发性的交流（Liu，Littlewood，1997）。教师可以在课堂上引入各种小组讨论，通过小组讨论，学生可获得同伴支持，设定切实可行的语言学习目标，并使用更多积极策略增强二语口语能力。

　　此外，为了更好地满足二语口语水平相对较低的学生的需求，教师有必要为他们设计特定的教学方法，向其提供具体的、循序渐进的指导，帮助其逐渐转化课堂讨论中的边缘者身份。例如，预演对提升第二语言学习者的口语自信和语言表现大有裨益，而进行课前检查则能有效提高学生的语言知识存储能力，并能提升其口语准确度和流利度（Liu，Littlewood，1997）。教师还可以向学生提供信息翔实的专题性材料，其中的专业知识为学生参加口语互动提供了丰富的素材，而其中所用的语言则是学生进行语言表达时可以借鉴、模仿的样本（王初明，2014）。这种做法能促进学生课堂参与的积极性，有利于学生二语口语水平的提升，也有助于其在课堂实践共同体中合格的成员身份的构建。

　　学术语境下中国留学生的社会化并非易事，但是学生和教师都可以采用积极的策略让这一过程变得更顺畅，使得学生能在课堂实践共同体中构建合格的成员身份，增加留学收益。

案例四　国内留学：中外合作办学项目中大学一年级学生在实践共同体中的社会化①

Education is an admirable thing, but it is well to remember from time to time that nothing worth knowing can be taught.

— Oscar Wilde

一、研究背景

随着全球化趋势的日益发展，世界各国之间的交流与合作越来越紧密。在这种情况下，培养大学生的全球竞争力（global competence）是高等教育机构的一个重要任务。传统教育模式下，出国留学是培养全球竞争力的主要途径，但其实在国内也能有效培养学生的国际化思维。近年来，在国内蓬勃发展的一个教育模式是开展中外合作办学项目，让学生接受以英语为媒介的教学（English-Medium Instruction，简称 EMI）。

以英语为媒介的教学是指在英语不是第一语言的国家或地区，使用英语教授学术科目（英语学科本身除外）（Marco et al., 2018）。尽管在所有教育阶段，以英语为媒介的教学模式在全球范围内不断得到应用和普及，但其发展势头在高等教育阶段尤其强劲，越来越多的大学向本科生和研究生提供以英语为媒介的教学（Wächter, Maiworm, 2014; Earls, 2016; Fenton-Smith et al., 2017）。

---

① 本实证研究作者为左红珊、郭园。该论文的英文版 "Study abroad at home: first-year undergraduates' socializationinto the community of practice a Sino-America cooperative education institute in China" 于 2022 年发表于 Asia Pacific Journal of Education。

21 世纪伊始，中国教育部就将推行以英语为媒介的教学作为提高大学本科教育质量的主要措施之一，为以英语为媒介的教学模式在中国的迅速发展揭开了序幕。为确保这一措施的实施，教育部将英语授课课程的数量作为评估高等院校的一项重要标准（Hu，McKay，2012）。近年来，越来越多的中国大学与英美等国的大学合作设立本科教学项目。这些项目提供的课程由外国教师用英语讲授，学生必须用英语完成所有的学术活动，学生和教师组成了一个以英语为工作语言的实践共同体。对于将英语作为外语（English as a Foreign Language，简称 EFL）学习的中国学生来说，在中外合作办学机构中用英语学习专业课程是一种新奇而又充满挑战的经历。虽然他们在入学时已经达到了这些合作办学项目的语言要求，但是以英语为媒介学习专业课程对相当一部分学生来说仍然困难重重（Joe，Li，2005；Hu，Lei，2014）。

已有研究者对以英语为媒介的教学环境下学生的学习动机和学习效果进行了很多研究（Aguilar，Muñoz，2014；Hu，Lei，2014；Yang，2015），但是对于中外合作办学机构中学生如何融入以英语为交流媒介的实践共同体并成为共同体的合格成员，还鲜有研究涉猎。本研究对中国一所大学的中美合作办学学院中一年级的本科生进行了为期一年的个案研究，探讨中外合作办学机构中学生在实践共同体中的社会化过程以及可能影响学生社会化的因素。

二、语言社会化与实践共同体

社会化是每个个体（尤其是新手）终生经历的过程。在这一过程中，个体通过语言实践和社会互动，在学习语言知识和提高语言能力的同时，被引入特定的知识、信念、情感、角色、认同等体系，成为有能力的社会成员（Schieffelin，Ochs，1986；Duff，2010a，b）。研究人员指出，人们不仅在童年时期经历第一语言的社会化，随着他们加入新的实践共同体（例如工作场所、教育项目）、在社会中承担新的角色或是学习一门新的语言（Lave，Wagner，1991），他们还会经历第二次、第三次社会化。以语言学习为例，无论是第一语言还是第二语言学习，新手通常通过与实践共同体中的其他成员交流互动来实现社会化，例如新手与共同体中语言和文化知识或技能更熟练、更专业或更有经验的人（通常被称为"专家"或"前辈"）之间的互动，年幼的兄弟姐妹与年长的兄弟姐妹的互动，学生和老师的互动，孩子和看护者的互动，工作场所中的新员工和更有经验的老员工的互动等（Duff，2010a：427）。

实践共同体是社会化理论的重要概念（Duff，2007），由莱夫和温格在其1991年出版的《情景学习：合法的边缘性参与》一书中首次提出。之后在1998年出版的专著《实践共同体：学习、意义与认同》中，温格对这一概念作了进一步阐述并将之系统化。温格指出，实践共同体有三要素：相互的介入、共同的事业、共享的技艺库（Wenger，1998）。相互的介入，意味着个体之间持续、定期的互动和密切参与。共同的事业，指的是通过与共同体其他成员的集体互动和协商而实现的共同目标。共享的技艺库，指某一个共同体所共享的一套资源，包括价值观、存在方式、行为方式、言语方式、思维方式等。它们在共同体存在的过程中逐渐产生和应用，进而成为这个共同体中实践的一部分。

拉维和温格的情景学习理论强调，学习是在高度情景化的社会环境中发生的（Lave，Wenger，1991）。在实践共同体中，学习是通过合法的边缘性参与发生的，新手经过不断的参与最终成为实践共同体活动的完全参与者。莱夫和温格认为，人们主要通过参与他们所处的共同体的实践活动来学习，而不是通过灌输关于实践的抽象知识。若要掌握实践共同体的知识和技能，新手必须充分参与共同体的社会文化实践。与那些关注学习效果的理论不同，拉维和温格的学习理论将重点放在了学习的过程上。

从实践共同体这一概念出发，一些第二语言社会化研究考察了促进或阻碍学习者在新的学习共同体中增加合法性、提升参与度、构建身份的因素（Lave，Wenger，1991；Wenger，1998）。基于实践共同体理念的研究中，参与（participation）和成员身份（membership）是两个重要议题，因为它们"是学习的过程，也是学习的手段"（Not only IN learning, but also AS learning）（Duff，2007：313）。在这里，参与指的是积极、有目的地参加实践共同体的实践活动，并在这个群体中构建身份。成为某个实践共同体的合法成员意味着有更好的机会学习和使用语言，因为成员会觉得自己有价值、受到重视。成员在共同的目标和实践活动的基础上，彼此之间建立起更强的联系和归属感。

如前所述，对于在中外合作办学机构中学习的中国学生而言，他们接受以英语为媒介的教学，与任课教师和同学形成了一个以英语为工作语言的实践共同体。他们如何融入这个特殊的实践共同体、实现自身的社会化，哪些因素会影响这一过程，是本研究将探讨的核心问题。

三、研究方法

（一）研究问题

语言社会化是一个复杂、动态的过程，不仅涉及学术知识和语言技能的学习，还涉及成员的参与及其身份的构建。本研究旨在考察中外合作办学项目中，大一新生如何融入他们所处的实践共同体、实现自身的社会化。具体研究问题如下：

（1）经过一年的学习，中外合作办学机构中的大学一年级新生在他们所处的实践共同体中的社会化情况如何？

（2）哪些因素会影响学生的社会化过程？

为了回答上述问题，我们以某大学中外合作办学学院中 12 名大学一年级的新生为研究对象，进行了为期一年的个案研究。

（二）研究背景

本研究是在位于中国西南部的一所知名大学下属的中美合作办学学院展开的，该学院由这所中国大学和美国东北部的一所研究型大学于 2015 年联合成立。作为中美大学在中国的五大合作项目之一，该学院设有三个本科专业：工业工程（Industrial Engineering，简称 IE）、机械工程（Mechanical Engineering，简称 ME）和材料科学与工程（Materials Science and Engineering，简称 MSE）。该学院采用与美国大学相同的课程和学分制度，致力融合两所大学在课程、教学和教育资源方面的优势，提供以具有国际视野的设计创新为重点的世界级工程教育。[①]

学院教师中大约 68% 是外籍教师，来自美国、俄罗斯、乌克兰、韩国等国。[②] 虽然其余的教师（包括行政人员）都是中国人，但他们都有在英语国家学习的经历。学院所有的课程都用英语讲授，工作语言为英语。学院大楼里粘贴了很多英文海报和通知，为了鼓励学生尽可能多地使用英语，学院走廊两侧的墙壁上、很多办公室的门上都粘贴了"请说英语"（English, please. ）的贴画。

（三）研究对象

本实证研究的研究对象是该学院的 12 名新生（见表 5.11）。在数据收集期间，本实证研究的一位作者正在该学院的一门选修课"英语写作"中担任兼职助教，这为本研究的数据收集提供了便利。

---

① 摘自该学院官方网站。
② 摘自该学院官方网站。

表 5.11 研究对象的基本情况

序号	名字	所学专业	性别	高考英语成绩	大学英语四级成绩
1	埃德温	IE	男	116/150 *	435/710 *
2	杰森	IE	男	135/150	545/710
3	奎妮	IE	女	124/150	未参加
4	瑞比	IE	女	144/150	570/710
5	陶	IE	男	121/150	未参加
6	佐伊	IE	女	135/150	633/710
7	亚历克斯	ME	男	131/150	450/710
8	卡米尔	ME	女	140/150	未参加
9	汉弗莱	ME	男	135/150	549/710
10	阿尔弗雷德	MSE	男	120/150	未参加
11	比尔	MSE	男	127/150	560/710
12	盖格	MSE	男	134/150	500/710

* 研究对象的分数/考试的总分，其余同。

注：IE：Industrial Engineering，工业工程；ME：Mechanical Engineering，机械工程；MSE：Materials Science and Engineering，材料科学与工程。

表 5.11 的信息来自对研究对象的第一次访谈（2018 年 3 月 10 日）。

（四）数据收集

本研究采用了多种数据收集方法，包括课堂内外活动的观察、对研究对象的访谈以及文本数据的收集，如研究对象的书面作业、学习笔记等。数据收集过程持续了两个学期，即研究对象入学后的第二、第三学期，时间是从 2018 年 3 月至 12 月。

（五）数据分析

本研究为定性研究，主要通过主题分析法进行分析，该方法对识别、分析定性数据中的规律非常有效（Braun，Clarke，2006）。我们的分析步骤如下：首先，我们将访谈录音逐字转写出来，反复阅读转写出来的材料，充分了解数据；其次，我们从资料中识别出不同的主题；主题识别结束后，我们回到访谈记录中核实主题，并根据研究问题提出子主题和支持细节。为了保证研究的信度，两位研究者共同分析了所有的录音转写材料。

四、结果和讨论

（一）学生在实践共同体中的社会化

本研究的第一个研究问题是：经过一年的学习，中外合作办学机构中的大学一年级新生在他们所处的实践共同体中的社会化情况如何？我们的研究对象来自一个特殊的实践共同体，该共同体由该学院一年级的所有本科生组成。这个实践共同体满足温格提出的实践共同体的三要素：相互的介入、共同的事业、共享的技艺库（Wenger，1998）。数据分析显示，通过一年的学习，12 名研究对象在这个实践共同体中社会化的程度并不相同。其中一些学生是共同体活动的积极参与者，甚至是发起者（Hands，2014），并在实践共同体中建立了更"核心"的成员资格，而一些学生是活动的参与者、观察者，即使在学院学习了一年后也没有归属感。我们将这两组学生分别称为"社会化程度较高组"（the group with higher degree of socialization，简称 HDS 组）和"社会化程度较低组"（the group with lower degree of socialization，简称 LDS 组）。数据分析显示，这 12 名研究对象中，8 人属于 HDS 组，4 人属于 LDS 组（见表 5.12）。

表5.12　研究对象的社会化程度一览表

社会化程度较高组（HDS组）	社会化程度较低组（LDS组）
瑞比、比尔、奎妮、佐伊、卡米尔、杰森、陶、汉弗莱	阿尔弗雷德、埃德温、盖格、亚历克斯

总的来说，HDS组的学生在融入实践共同体的过程中表现得更加积极、充满活力和自信。他们非常善于寻找和利用身边丰富的资源来获取专业知识，开阔视野，提高综合能力，如英语演讲能力、领导力和解决问题的能力。随着时间的推移，不难看出，他们正从刚入学时在实践共同体中的边缘地位向更核心的地位转变，成了实践共同体中更有能力的成员。相比之下，LDS组学生的社会化过程则更为缓慢、困难。他们在共同体的实践活动中不太积极，使得自己处于被动地位。此外，他们缺乏信心，无论是在英语还是在其他科目的学习上，都不能充分发挥主观能动性。我们将从以下两个方面对这两组学生融入实践共同体的过程进行讨论：他们的课堂表现和参与课外活动（尤其是学术活动）的情况。

1. 课堂表现

在两个学期的数据收集中，我们观察了研究对象所修读的6门课程，包括英语写作、微积分3、化学2、工程计算、物理和电影导论。在课堂观察中，我们发现HDS组的学生在上课时通常坐在教室的前面，注意力很集中，目光紧紧追随着任课教师或者在他们的课本和笔记之间移动。当教师提问时，他们会很快做出反馈，这表明他们在密切关注教师的教学内容。此外，他们能对教师的指令做出快速反应。例如，当教师布置了课堂活动内容、安排了活动方式之后，他们可以根据教师的要求立即采取行动。此外，在课堂上的小组讨论中，他们表现得活跃、主动，经常自发地领导或促进小组讨论的顺利进行。

HDS 组的杰森就是一个很好的例子。在课堂上，他总是坐在前排，积极回答教师的提问。不管他的回答是对是错，他看起来都很自信。他参加小组讨论时也是如此，他喜欢主动发表意见，而且发言的声音响亮，所有小组成员都能听到。例如，在一节英语作文课上，教师布置了一个小组讨论任务，题目是："现代教育中，计算机将比教师发挥更重要的作用。这是对的还是错的？"当教师宣布讨论可以开始时，杰森所在的小组沉默了大约五秒钟，然后传来了杰森的声音：

Jason：Okay，**I'll go first**. ① I think it's false. Though the computer is very powerful，many students use it just to play games，to become a hacker，and attack the website of the universities and other organizations. So，computers may sometimes be harmful to individuals and the society. **What's about your opinions**? (with his eyes and hands turning toward student 1，as an inviting gesture)

Student 1：I think it's true. Students can learn just through，through screen. That's OK. It will help students study，interact with other，other students and teachers easily. Students can learn at any time and at any place. So，computer really has better educating in the students.

Jason：**Yeah，that's good. How about you**? (with his eyes and hands turning toward student 2，also as an inviting gesture)

Student 2：Perhaps，we have to know that computer，computers are just a tool for students to study. But it is the teacher，the teacher teach them how to use computers，teach them how to use the computers

---

① 英文和中文中的黑体强调部分为笔者所加。

in good ways. We have to realize that.

(Transcript of a group discussion in English Writing, April 2, 2018, original in English)

[杰森：好的，**我先开始**。我认为这是错的。虽然计算机非常强大，但许多学生使用它只是为了玩游戏，成为黑客，攻击大学和其他组织的网站。因此，计算机有时可能对个人和社会有害。**你的意见是什么**？（他转向学生 1，做出邀请的手势）

学生 1：我认为这是对的。学生可以通过屏幕学习，这是可行的。计算机将帮助学生轻松地学习，与他人、其他学生和老师互动。学生可以随时随地学习。所以，计算机确实能对学生进行更好的教育。

杰森：**是的，很好**。你呢？（他转向学生 2，又做了一个邀请的手势）

学生 2：也许吧，我们必须知道电脑，电脑只是学生学习的工具。但是是老师，老师教他们如何使用电脑，教他们如何用好的方式使用电脑。我们必须意识到这一点。

（英语写作课小组讨论记录，2018 年 4 月 2 日；原文为英文）]

从上面的讨论可以看出，杰森不仅在他们的小组讨论陷入沉默、无法向前推进时主动提出了自己的观点，而且还提出有针对性的问题并有策略地引导了他们小组的讨论。例如，他问学生 1："你有什么看法？"当学生 1 表达完他的想法时，杰森发表了评论："是的，很好。"然后他问学生 2："你呢?"去征求他的意见。通过这些做法，他帮助小组讨论有条不紊地向前推进。

与 HDS 组的学生相比，LDS 组的 4 名学生的一个显著特点是他们在课堂上明显的沉默。在不同的课程中，他们通常都选择坐在教室的后排，尽量不引人注目。我们在课堂中观察发现，他们上课时很容易分心，会不时看窗户外面，玩手机或者偷偷和旁边的学生交谈。当教师在课堂上发出指令时，他们的反应通常比 HDS 组的学生慢。大部分时候，他们需要通过观察其他学生的行为或者请教周围的学生来弄清楚老师的指令。例如，在一次英语写作课上，教师给出了小组划分的标准后，当其他学生已经开始四处寻找小组成员、准备进行小组讨论时，阿尔弗雷德还站在原地，因为他没有领会教师的分组要求。看到他如此困惑，助教上前帮他找到他所属的小组。埃德温也发生过类似的事情。在英语写作课的一次同伴互读活动中，当教师说明任务要求并宣布活动开始时，埃德温仍坐在座位上没有行动。看到这种情况，助教用英语问他是否需要帮助。他用中文回答说他不明白教师的指示，所以他不知道该怎么办。当助教用中文向他解释了教师的要求后，他才恍然大悟，和他的伙伴一起参加小组讨论。

在小组讨论中，LDS 组的 4 名学生要么等到最后才发言，要么一句话也不说。可以明显看出，他们试图避免在讨论中发言。当在访谈中说到他们在小组讨论中保持沉默的原因时，这 4 名学生都表示最主要的原因是他们的英语听说能力有限。埃德温说：

有时候我都不明白老师让讨论什么，怎么发言呢？等小组里的同学们说了一阵儿后，我大概明白了讨论主题，但是我又用英语表达很困难，找不到合适的词儿，又说不流畅，只能沉默着不说话。（第二次访谈，2018 年 6 月 9 日）

盖格也说道：

我也想发言啊，但是我用英语表达很困难，我又不好在大家都

说英语的时候总说中文，所以大多数时候，我也只能听着，自己在心里想着。（第二次访谈，2018 年 6 月 9 日）

可以看出，埃德温和盖格都是因英语水平不佳而在小组讨论中保持沉默。达夫指出，语言社会化是一个以"说话和保持沉默"为特征的过程（Duff，2003：333）。本研究中两组学生在课堂上的不同表现支持了这一观点。诺顿（Norton，2013）援引布迪厄（Bourdieu，1977：659）的术语"强制接受的权力"（the power to impose reception），提出了合法说话人的概念。从上面的讨论可以看出，像杰森这样的 HDS 组的学生在小组讨论中有"强制接受的权力"，通过行使这种权力，他们把自己塑造成合法的发言人。然而，与索塔尼（Soltani，2018）和森田（Morita，2002）的研究发现一致，LDS 组的学生因为英语听说能力较为薄弱，所以没有足够的能力在课堂讨论中充当合法的发言人。埃德温和盖格在用英语表达自己时遇到的困难与卞等人（Byun et al.，2011）的研究结果一致。该研究发现，在用英语进行讨论时，只有口语流利的学生才会发言。语言社会化研究强调，参与互动是在实践共同体中寻求和获得成员资格的重要手段（Duff，2012；Morita，Kobayashi，2008）。巴赫金也认为："一个人只有通过参与对话才能成为主体。"（Bakhtin，1981：159）因此，积极参与课堂实践有助于 HDS 组的学生在实践共同体中获得成员资格、实现社会化，但是 LDS 组的学生却因为参与课堂活动不足而在社会化的过程中受到限制。

2. 参与课外活动

在课堂学习之外，HDS 组的学生，无论是出于个人兴趣还是学术追求，总是积极寻找机会参与广泛的课外活动，尤其是学术活动。然而，LDS 组的学生中，除盖格参加了大学生创新创业项目，其他 3 位学生没有参加任何此类活动。表 5.13 和表 5.14 统计了两组学生参加的课外活动。

表 5.13　HDS 组课外活动参与情况

活动	研究对象							
	比尔	卡米尔	汉弗莱	杰森	奎妮	瑞比	陶	佐伊
英语演讲比赛——呈现世界		√			√	√		√
大学生创新创业项目	√	√	√	√		√	√	
中国大学生数学建模竞赛	√						√	
"我爱创业"大赛						√		
亚太经合组织青年代表团						√		
模拟联合国会议			√					
新生顾问项目	√			√	√	√	√	
阅读研讨会计划					√		√	
工业工程学习者论坛					√			
学生国际论坛		√						√

注："√"表示参与了该活动。

表 5.14　LDS 组课外活动参与情况

活动	研究对象			
	亚历克斯	阿尔弗雷德	埃德温	盖格
英语演讲比赛——呈现世界				
大学生创新创业项目				√
中国大学生数学建模竞赛				
"我爱创业"大赛				
亚太经合组织青年代表团				
模拟联合国会议				
新生顾问项目				

续表5.14

活动	研究对象			
	亚历克斯	阿尔弗雷德	埃德温	盖格
阅读研讨会计划				
工业工程学习者论坛				
学生国际论坛				

注："√"表示参与了该活动。

从表5.13和表5.14可以看出，在我们进行研究的这一学年中，HDS组的每个学生至少参加了两种课外活动，而LDS组的学生则几乎没有参加这些活动。下面，我们将以HDS组的奎妮和瑞比为例进行讨论。

表5.13显示，奎妮参加了4项课外活动，其中一项是在入学的第二个学期参加的，另外3项是在第三个学期参加的。在第二学期将要结束时，奎妮作为学院的代表参加了英语演讲比赛"Present Around the World（PATW）"，与来自该大学其他学院的参赛者同台竞争。

这个演讲比赛是由该大学的工程和技术学院发起的年度活动。作为工程和技术领域最具影响力的竞赛之一，其目标是为该专业的大学生和年轻人提供站在国际舞台上与世界各地的工程和技术人才竞争的机会，以提高他们的英语演讲技能、创新精神。比赛要求参赛者进行6分钟的脱稿英语演讲，演讲结束后，评委会对参赛者进行提问。

由于只有一名选手能赢得国家级比赛的入场券，奎妮在演讲时非常紧张。虽然她没能成为最后的赢家，但她对自己在比赛中的表现非常满意，因为她认为自己在这个过程中受益匪浅，自信心增强了，英语口语能力也提高了。正如下面的采访摘录所示：

我真的特别特别感谢我这次的经历。它真的让我变强大了！尽管我没能成为最后的获胜者，但我是我自己的赢家。我的意思是，为了准备这个比赛，我做了非常多的练习，这让我的英语口语有了很大的进步。另外，我还觉得自己在公共场合说英语时更自信了，我希望以后能继续参加更多这样的活动，来继续挑战我自己。我非常享受这个过程。（第二次访谈，2018 年 6 月 9 日）

进入二年级后，奎妮变得更加活跃。大二时，她参加了新生顾问项目，帮助大一新生解决他们在学习和生活中遇到的问题。参与这个活动表明奎妮开始在实践共同体中扮演更重要的角色，并成为新生社会化的媒介。除此之外，基于自己的兴趣，奎妮还和同学陶合作，在学院内发起了一个新的活动——阅读研讨会计划。

瑞比是实践共同体中另一个非常活跃的成员。在第一年的学习中，她参加了两个大学生创新和创业项目，一个是商业模仿大赛，一个是英语演讲大赛，她还参加了一个亚太经合组织青年代表团选拔大赛。在大二新学年开始时，她和其他同学共同发起了上文提到的新生顾问项目。她和杰森组织了这个项目的第一次活动，以英语为活动的工作语言。在第三次采访中，她提到正在与比尔合作，为这个项目策划新一期的活动，主题是"如何做一个优秀的课堂展示"。不难看出，瑞比在实践共同体中正走向更核心的位置，刚入学时她接受他人教导、学习如何进行课堂展示，现在她已经有足够的能力和信心去指导和帮助实践共同体中的新手了。

在瑞比参加的各种课外活动中，英语演讲比赛对她的重要性不言而喻。像奎妮一样，瑞比最初代表学院参加学校的选拔赛。在演讲中，她讲述了因为自己讨厌使用学校提供的床垫而设计了一种新型床垫的故事。瑞比不仅英语发音准确、表达流畅，而且运用了丰富的肢体语言。不出所料，她脱颖而出，赢得代表学校参加国家级比赛的唯一一张入场券。瑞比走上了国家级比赛的舞台，尽管她最终未能获得与亚洲各地的学生竞争的资格，但是瑞比认为这个结果很公正，她说：

> 国家级的比赛竞争非常之激烈。不仅有本科生，还有研究生，还有很多选手之前就参加过这个比赛。我还只是个大一的学生，经验还很少。所以，这个结果也是可以接受的。将来，我希望参加更多这样的比赛来积累更多的经验。（第二次访谈，2018 年 6 月 9 日）

在准备英语演讲比赛的过程中，瑞比做了很多功课，并且得到了同学和教师的帮助。起初，她观看了许多以前的获奖者的演讲视频和有关的 TED（Technology，Education，and Design）演讲视频，模仿优秀演讲者的英语表达和富有感染力的肢体语言。瑞比非常勤奋，努力在繁忙的课程任务和多样的课外活动之间取得平衡。在她准备比赛期间，笔者经常听到她用英语自言自语。她解释说，她正在背诵一些不错的 TED 演讲片段，并练习自己的演讲。此外，她还会对自己的演讲进行录音或录像，请她的同学观看并给她提出建议。她还向外籍教师寻求帮助，通过电子邮件求教、请求会面。在与外籍教师的交流中，瑞比不但开阔了眼界、拓宽了知识面，也锻炼了自己的跨文化交流能力。

语言社会化理论强调，参与实践共同体中的活动对新手的社会化至关重要，特别是有助于丰富他们的语言和社会文化知识（Schieffelin，Ochs，1986；Ochs，1988，2002）。从奎妮和瑞比的例子可以看出，参加课外活动的经历增强了他们的能力和信心，也为他们创造了更多的学习机会。

通过合法的边缘性参与，新手能够成为实践共同体中更为合格、更有能力的成员（Duff，Talmy，2011；Swain，Deters，2007）。学生参与共同体实践活动的程度将直接影响他们语言和专业能力的发展、身份的构建以及获得各种学习资源的机会，包括老师、同学和学院的支持。从上面的分析不难看出，HDS 组的学生更积极地参与课内外的活动。在这些活动中，他们与教师和同学在解决具体问题时进行互动和合作，在这种情况下，他们可以从更有经验的教师和同学那里获得引导和支持。例如，瑞比在谈到她参与一个创业项目的经历时说：

> 作为大一的学生，我们最大的困难就是经验严重不足。我们不清楚什么样的文案、什么样的呈现方式是更吸引人的。这个时候团队中的高年级学生就显得尤为重要。因为他们之前做过类似的项目，他们会帮我们这些新人快速地熟悉（项目的）规则和套路，让我们的行动更加高效而且有针对性。（第二次访谈，2018 年 6 月 9 日）

瑞比的说法非常符合达夫（Duff，2007）的观点，即一个群体中的专家或更熟练的成员可以在"使新手社会化，并显性或隐形地教导新手按照该群体的价值观念、意识形态和传统来思考、感受和行动"（Duff，2007：311）中发挥重要的作用。

此外，HDS 组的学生积极参与实践共同体的活动可以赋予他们更多学习机会。例如，上述奎妮和瑞比的例子中，她们参加英语演讲比赛的经历让她们有更强烈的愿望再次参加类似的活动。佐伊也提到了类似的感受：

> 在学院参加多样活动积累下来的经验给了我更多的机会、更广阔的平台去参加更多有意义的活动，比如学生国际论坛，从而促进我综合能力的提升。（第四次访谈，2018 年 11 月 10 日）

　　HDS 组的学生积极参与实践共同体的活动，并因此成为共同体中更熟练、更投入的参与者，表明他们在实践共同体中的社会化水平较高。相反，LDS 组的学生由于参与实践共同体的活动有限，社会化过程也受到阻碍，在实践共同体中依然处于边缘的地位。例如，亚历克斯抱怨说：

　　　　我都不敢张口说话（用英语），也觉得自己用英语去问老师问题根本问不清楚，很多时候只能用中文问问其他同学，或者闭门造车。因此，我也没有信心和精力去参加其他活动，感觉自己在学院的学习，进步一直都比较小。（第四次访谈，2018 年 11 月 10 日）

　　阿尔弗雷德在访谈中则表示，由于自己在学院感觉格格不入，他只好在其他地方寻找认同感：

　　　　很多时候我感觉我在这里（指学院里）格格不入。我参加了很多学院外的社团，当然都是用中文交流的。在这里我更加有话语权，大家也愿意听我谈自己的见解。（第四次访谈，2018 年 11 月 10 日）

　　正如索塔尼（Soltani，2018）的研究中凯文在在线学习社区中更好地重新定位自己一样，阿尔弗雷德调动自己的能动性在学院之外重新构建了自己的身份，展示了一个更好的形象。根据达夫和塔尔米的研究（Duff，Talmy，2011），由于 LDS 组的学生觉得自己是以英语为工作语言的实践共同体的局外人和不合格的成员，他们错过了实践共同体中的很多活动，因此影响了他们的社会化过程。

（二）影响学生在实践共同体中社会化的主要因素

上文中，我们根据 12 名研究对象参与实践共同体活动的情况将他们分为两组：社会化程度较高组和社会化程度较低组。虽然影响社会化过程的因素是复杂的，但是本研究发现，最突出的因素是学生的英语水平、学生之前的英语学习经历、学生与教师的交流、学生的学术发展规划以及学生的自我概念。

1. 学生的英语水平

根据收集到的数据，我们可以看出，学生的英语水平，尤其是他们的英语听说能力，对他们的社会化过程有很大影响。该学院大约有 68% 的外籍教师，学院内要求讲英语，是一个典型的以英语为媒介的教学环境。所有的课程都是用英语授课，课本也是英语的。因此，英语是学生在这个社区进行学术和社会活动的最重要的工具。不难想象，如果一个新手在用英语参与实践活动、与共同体中的其他人互动方面没有大问题，那么他很有可能通过合法的边缘性参与顺利地融入共同体。相反，如果他的英语不够好，不能在共同体中进行实践和交流，那么他从共同体的边缘位置到更中心位置的社会化过程可能会更坎坷，甚至可能失败。

本研究的结果证实了上述预测。HDS 组的学生在访谈中说，在进入学院学习之前，他们对以英语为媒介的教学模式充满焦虑，担心自己很难通过英语学习专业知识、无法与外籍教师交流。但是当他们进入学院学习后，他们发现自己的英语水平并没有对专业学习造成明显的障碍。例如，佐伊在访谈中表示：

来到这里之前，我真的很担心我可能学不好，因为所有课程都是用英语教的。但当我真正开始上课的时候，我发现我的英语水平并不会给我带来太多的麻烦。从比较简单的到越来越难的课程内容，我学得都还不错。（第一次访谈，2018 年 3 月 10 日）

此外，许多 HDS 组的学生表示，在学院学习一段时间后，他们的英语听说能力大大提高。以卡米尔为例：

在学院的学习让我的英语学习和使用有了颠覆性的变化。我学会了如何做更有力的英语 presentation，如何用英语写一篇研究论文，而且能够用英语参加、享受我们学院组织的各种各样的活动。（第四次访谈，2018 年 11 月 10 日）

与之形成鲜明对比的是，LDS 组的学生普遍反映，由于他们的英语水平有限，他们在学习中吃了很多苦头、饱受挫折。例如，埃德温说：

刚开始的时候，我真的听不懂我们老师在说什么，我必须找中文的教材，然后自学。这既耗时间，又耗精力。因为这个，我很受打击。我相信这些科目我要是用中文学，肯定能学得好得多。（第二次访谈，2018 年 6 月 9 日）

可以看出，由于英语能力不够好，埃德温在以英语为媒介的教学模式下学习非常吃力。盖格也表达了类似的感受：

上课的时候，我理解大部分的课堂内容都有问题，这让我变得注意力不集中，而且会犯困。这种糟糕的状况让我更难在课堂上好好学习，也让我在学院的学习形成了一个恶性循环。（第二次访谈，2018 年 6 月 9 日）

同样，LDS 组的阿尔弗雷德说：

> 由于我（英语）口语很不好，只要我有选择，我就绝对不会张嘴说英语，更别说去找我们的外教问他们问题了。（第二次访谈，2018 年 6 月 9 日）

在以英语为媒介的教学环境中，英语是学生进行学习和各种学术活动的主要媒介，英语水平较高的学生更容易获得各种学习资源，能更充分地参与实践共同体的活动，对他们在共同体中的社会化大有裨益。如卡米尔的经历所示，英语水平高的学生能够从以英语为媒介的教学中受益更多、获得更好的发展。

本研究发现，英语水平较低的学生在以英语为媒介的教学环境中学习非常吃力，这一发现与很多探索二语学习者在以英语为媒介环境下的学习效果的研究结果一致（Cho，2012；Chappel，2015；Ellili-Cherif，Alkhateeb，2015；Khan，2013）。例如，赵（Cho，2012）的研究中韩国学生因听力水平有限，只能理解以英语为媒介的课程中 60% 的内容。可汗（Khan，2013）的研究以巴基斯坦的研究生为研究对象，发现学生在以英语为媒介的教学模式下面临各种困难：听不懂教师的讲课内容，难以理解阅读材料，不愿在课堂上说英语，在学术写作中压力很大。这些困难使得他们非常焦虑，而这又进一步阻碍了他们的语言学习。苏丹娜（Sultana，2014）的研究发现，进入以英语为媒介教学的大学后，以前在公立学校用孟加拉语上课的学生比来自私立学校、在以英语为媒介的环境下学习的学生面临更多的问题。他们的学术和社会生活都受到英语水平低下的负面影响，他们觉得自己被边缘化了，因为他们没有能力参与用英语进行的讨论/辩论，在这些讨论/辩论中，他们的信心、自我形象和学习机会都受到了损害。胡光伟等人的研究（Hu，

Lei，2014）以中国学生为研究对象，显示了"为英语教学而制度性地设想的理想语言行为与由教师和学生的英语水平不足所决定的实际语言实践之间的错位"（Hu，Lei，2014：36）。他们的一些研究对象认为，许多想象中的以英语为媒介的教学模式的好处仅限于少数英语水平较高的精英学生。

本研究中，英语水平较低的学生在学习中确实面临更多的挑战。首先，正如埃德温和盖格所言，他们有限的英语听力能力阻碍了他们对授课内容的理解，因此阻碍了他们的专业学习。相比之下，他们更喜欢用自己的母语中文进行学习，会去寻找中文版的教材进行学习，以提升学习效率。此外，英语水平较低的学生由于英语口语能力不足，与教师交流的意愿较低，参与实践共同体活动的机会也更少，因此他们的社会化过程受到了抑制。

2. 学生之前的英语学习经历

尽管学生目前的英语水平对他们的社会化过程产生了重大影响，但我们对数据进一步分析发现，学生上大学之前的英语学习经历在他们试图融入学院的实践共同体时也发挥着很大的作用。无论是在童年时期还是在中学教育阶段，大部分 HDS 组的学生都有接受英语为母语的外籍教师教学的经历。他们认为，这种经历对培养他们的英语学习兴趣、训练他们的英语技能起到了积极的作用。例如，汉弗莱说：

> 早在我幼儿园的时候，我们就有外教教我们英语了，这给我的英语学习之旅开了一个好头。我们主要是通过做游戏和对话来学习用英语。当我开始上小学的时候，我能察觉到我们的英语老师口语不是很好。她是个中国人，强调我们英语学习中背诵的作用。所以我妈妈就让我参加了校外英语补习班，在这儿我接触到了来自英国、美国，还有新西兰的外教。在这些外教的课堂上，通过小组讨

论、角色扮演等一些活动，我们能够尽量多地使用英语。我对说英语的信心也是从那个时候建立起来的。（第三次访谈，2018 年 9 月 9 日）

同样，瑞比也谈到了外籍教师在她的英语学习中的积极作用：

我整个初、高中都是有外教的，教我们英语写作或者口语。我觉得这对我现在能比较熟练地用英语有很大作用。它让我能够享受用英语跟别人进行交流，而不是感到紧张或者尴尬。（第三次访谈，2018 年 9 月 9 日）

此外，HDS 组的大部分学生反映，即使他们的中学英语教师是中国人，教师在教学中也注重培养学生的英语听、说、读、写技能，而不是过分注重语法和考试。例如，佐伊说：

我们高中的英语老师经常引导我们去注意一些英语中的文化现象，好激发我们的学习兴趣，也让我们的英语课堂变得更有活力。（第三次访谈，2018 年 9 月 9 日）

我们在访谈中发现，HDS 组的一些学生有出国学习或旅游的经历，这也有助于他们提高英语水平。例如，瑞比说：

我小学毕业后，去了一趟英国，在当地的一所小学学习了三个多月。现在回想起来，我感觉那个时候我的大脑就像一块儿海绵，无意识地吸收着我周围的声音。尽管这段经历并不长，它却在我的英语学习和使用上扮演了极其重要的角色。正是这段经历让我在说英语的时候能够专注于表达我的意思，而不是像很多其他中国学生，总会担心语法正不正确。（第三次访谈，2018 年 9 月 9 日）

奎妮也有出国旅行的经历，而且在旅行过程中锻炼了自己的英语交流能力。

来学院之前的那个暑假里，我跟我的父母一起去几个欧洲国家旅游。他们总是鼓励我和当地人用英语交谈，这个过程中，我感到很愉悦，而且变得能更加自信地用英语交流了。（第三次访谈，2018 年 9 月 9 日）

与 HDS 组形成鲜明对照的是，LDS 组的 4 名学生均表示，他们过去的英语学习主要是以应试为目的，英语教师过于注重语法教学。埃德温说：

我以前很少有机会能真正把英语用起来的。绝大多数情况下，我们忙着机械地记（英语）单词、短语、语法规则，还有教材上的一些课文段落和文章。（第三次访谈，2018 年 9 月 9 日）

阿尔弗雷德也有类似的经历：

基本上，来到学院之前，我是没有机会跟其他人用英语交流的。英语对我来说就是一门学科，我学它，就像我学其他科目，比如数学，是一样的。（第三次访谈，2018 年 9 月 9 日）

二语社会化研究表明，学生先前的二语学习经历在社会化过程中发挥着重要作用（Duff，2012），二语学习者社会化的程度受到他们以前英语教学的有效性和他们使用英语的机会的影响。本研究结果也表明，如果学生在进入以英语为媒介的教学环境之前，能有机会与英语母语者（如外籍教师）交流互动，有更多的机会使用英语，如上述HDS组的奎妮和佐伊一样，他们在以英语为媒介的教学中会表现得更自信，使用英语的能力也会更强。相比之下，LDS组的学生在中学阶段的英语学习是以考试为导向的，几乎没有机会真正使用英语交流。正如阿尔弗雷德所说，他学习英语的方式和学习其他学科的方式一样。事实上，阿尔弗雷德所面临的困境是比较普遍的，例如，埃里利－谢里夫和阿尔卡提卜（Ellili-Cherif，Alkhateeb，2015）在卡塔尔的研究以及林和莫里森（Lin，Morrison，2010）在香港的研究都表明，大多数学生进入大学前的英语教学并没有为他们进行以英语为媒介的学习做好准备。苏丹娜（Sultana，2014）的研究还表明，英语学习效果不佳的学生进入以英语为媒介的大学后，在融入实践共同体的过程中面临更多的挑战。

3. 学生与教师的交流

在二语学习者语言社会化的过程中，教师是重要的媒介。因此，与教师的交流是社会化过程中的重要部分。本研究表明，无论是课后与教师的即时交流、在办公时间内的面对面谈话，还是通过社交软件交流、进行其他社交活动（如学生与老师一起吃饭），HDS组的学生与外籍教师的交流都比LDS组多。例如，比尔参加大学生创新创业项目时，他们所选的项目是与化学有关的，指导教师是他们的"化学2"课程的讲师程教授，他是美籍华人，在美国大学获得了博士学位。这个项目持续了半年多，其间比尔一直与程教授保持着密切的联系。在采访中比尔说：

除了定期的见面，每次只要我有一些想法，我都会在微信上和程教授交流。（第二次访谈，2018 年 6 月 9 日）

程教授不仅为比尔提供了专业上的指导和帮助，还为他提供了更多的学习机会。

有次他（程教授）邀请我去听一个研究生的讨论会。尽管我只能听懂一点点发言者们说的内容，但是这让我能大概了解我将来成为研究生后可能会做些什么。它给我展示了一些可能性。（第二次访谈，2018 年 6 月 9 日）

比尔在访谈中说，程教授给了他很多正面的影响：

毕竟，他（程教授）有出国留学的经历。他知识渊博，有洞察力，而且还有国际视野。（他的）这些优秀品质对我们都产生了积极的影响，虽然是以一种渐进的，不太明显的方式。另外，他还非常幽默，和他的交流能减轻你的压力，让你觉得做这些事情是有意义，有前途的，然后你就会特别受鼓舞。（第二次访谈，2018 年 6 月 9 日）

比尔经常联系的另一位教师是乔安娜教授。她是波兰人，教授材料科学工程课程，这是比尔非常感兴趣的领域。比尔告诉笔者，他们每周或每两周一起吃一次午餐，乔安娜还邀请他一起做一些项目。比尔认为，他与乔安娜教授的交流极大地提高了他的英语口语能力。

与 Joanna 的交流真的在帮助我用英语说得更流利、更准确方面起了很重要的作用。最初，和她一起吃午饭，我们交流的时候，我总是费劲地想要去听懂她说的东西，然后表达我自己的想法。但是最近，我真的有种感觉是，我们真的是在交流。过去，我们最常见的交流模式是她一直在说，而我一直在听。但是现在，我们之间更多的是一种互动，就像我现在和你用中文交流一样。我觉得这真的是一个非常大的进步。我每时每刻能听懂她说什么，然后我每时每刻还能反馈她。（第三次访谈，2018 年 9 月 9 日）

在学术语境下，比尔也能自如地和乔安娜教授用英语进行交流，并在使用英语的过程中发现自己的不足，想办法提升自己的英语水平。

现在我正在跟她做一个项目。每天，我们都要在实验室里待大概七八个小时。我们聊得很多，当然是用英语。这个过程中，我是一直在听和说英语的，然后就发现我的英语词汇太单一了。我还意识到有些看起来很不常见、很学术的词语，在我们的日常生活中可能很有用，尤其是对我们这些喜欢做研究的同学来说。发现这些问题后，我就想办法去克服，比如查词典，跟 Joanna 聊天的时候，看书或者看视频的时候下意识地去记一些地道的表达。（第四次访谈，2018 年 11 月 10 日）

和比尔一样，HDS 小组的佐伊也和教师保持着频繁的交流，这为她成为实践共同体的合格成员提供了学术上和情感上的支持。佐伊在采访中经常提到的一位教师是来自美国的艾尔教授。在佐伊入学的第一个学期，艾尔教授是英语写作课教师。尽管艾尔教授后来离开了学院，但佐伊通过微信和他保持联系。通过分析访谈数据，我们发现与老师的交流对佐伊的影响主要体现在 3 个方面。首先，她与艾尔教授的交往和交流促进了她对英语的学习，让她对英语文化和传统有了更深刻的理解和认识。例如，佐伊说道：

　　跟 Al 的交流，不管是以前面对面的，还是现在在线上的这种，都让我能进一步地了解真正的、地道的美国文化。这种交流为我打开了一个窗口。另外，在我们的交流中，我经常不理解他用的一些词和短语，这就督促我之后去查这些单词，去练习使用这些单词。因此，我从 Al 那里学到了很多地道的英语表达。（第四次访谈，2018 年 11 月 10 日）

　　其次，艾尔教授对她的积极评价和期望增强了她的信心，鼓舞她不仅在英语学习上更加努力，而且在学习其他课程时也更加积极。在一次访谈中，佐伊说：

　　一次在他的 office hour 聊天的时候，他在讲自己的教学风格时表达了对我们的期待。他给我们举了一个他在日本教学时候的例子，说他当时有个学生，英语基础不错，上课也非常积极，能够带动整个课堂的气氛。Al 说我就是那样的一个角色，而且希望我能继续保持这种积极的风格。听完后，我觉得特别受鼓舞，之后，我不只是在英语课堂上，在其他课堂上也都更加积极了。（第四次访谈，2018 年 11 月 10 日）

　　此外，当佐伊在繁忙的学习中感到迷茫时，艾尔教授也可以为她提供有用的建议。

　　尽管他现在不在学院教课了，他会经常在微信上询问我在学习上是否有困难。我告诉他面对这么多要求高、专业性又强的课程，我有点不知所措。然后，他就非常仔细地分条列一些针对性的建议给我，在微信上一个字一个字地打出来。对此，我真的非常感谢。

（第三次访谈，2018 年 9 月 9 日）

语言社会化的研究，尤其是教育环境中的二语社会化，强调学习者与教师的口头互动在促进学习者融入实践共同体中的作用。维克斯（Vickers，2007）的研究认为，二语学习者的社会化依赖于"新手与实践共同体成员互动的机会"（Vickers，2007：621）。佩索阿、米勒和考夫尔（Pessoa et al.，2014）也指出，在以英语为媒介的教学环境中，教授的办公时间是学生学习的重要资源。本研究中，HDS 组的很多学生（如比尔和佐伊）都提到用英语与教师交流在提升他们英语水平中的重要作用。在与老师的互动过程中，他们不仅学到了习惯用语，对英语文化有了进一步的了解，还发现了自己在英语交流方面的不足，激励他们发挥自己的潜能进行改进。此外，与教师的交流可以为学生提供学术和情感支持（Zappa-Hollman，2007）。以比尔和程教授的交流为例，程教授不仅指导他的项目，给他提供了更多的学习机会（旁听研究生的研讨会），还鼓励他、帮助他减轻压力。同样，佐伊在学习上遇到困难时，艾尔教授给予她很多建议，不仅给予学术支持，还给予她情感上的支持。此外，艾尔教授将佐伊定位为积极的课堂参与者，这有助于佐伊扮演一个更积极或更有能力的角色（Morita，2002）。

4. 学生的学术发展规划

HDS 组的 8 名学生均表示，他们对所学的专业有浓厚的兴趣，愿意在学术发展上投入时间和精力。例如，比尔对他的专业——材料科学工程的研究领域非常感兴趣。他不仅非常积极地在课堂上进行理论学习，还在课外寻求机会与教师和同学一起参与实验项目，这有助于他的专业发展，也有助于他提升解决实际问题的能力。

同样，HDS 组的瑞比说，她对自己现在所学的专业很感兴趣。这种兴趣不仅让她积极参与课堂实践，还鼓励她寻求各种资源，将自己的学习和实践延伸到课堂之外。例如，她在访谈中说：

> 为了时刻了解我所学专业（工业工程）的学术动态，我经常浏览一些有关我学习专业的论坛，有些论坛是英文的。另外，我还经常看一些与工业工程相关的 TED 视频。这是个双赢策略，因为我不仅可以练习我的英语听力和口语，还能拓展我的学术视野。还有，我跟我们专业的一些学长学姐也保持着联系，一起讨论一些我们专业学习的问题。我觉得这对我在学院的专业学习也是很有帮助的。（第二次访谈，2018 年 6 月 9 日）

在 LDS 组的 4 名学生中，盖格和埃德温认为他们在学院的专业学习成绩不佳，主要是由于他们英语水平不高，未来他们希望能继续在国内读研究生，学习相同的专业。但是，亚历克斯和阿尔弗雷德却对目前所学的专业没有兴趣。阿尔弗雷德说：

> 是我父母帮我选择的这个专业（材料科学工程）。我对这个专业一点也不感兴趣，因此我也没有动力去努力学它。（第二次访谈，2018 年 6 月 9 日）

不难看出，学生的学术兴趣也是导致他们社会化程度不同的一个重要因素。可汗（Khan，2013）和达夫（Duff，2010a）发现，如果学生的学术兴趣与其所学的内容一致，他们会有更强的动机参与他们所在的学习共同体的实践活动。就像卡米尔一样，他们会千方百计寻找学习和参与的机会，这不仅对他们的专业学习大有裨益，也有助于他们的社会化进程。相反，如果学生对专业不感兴趣，他们在实践共同体中寻求学习和参与机会的动机较弱，会阻碍他们在群体中的社会化。

我们发现，刚入学时，本研究的 12 名参与者都计划在国内的大学学习两年或三年后出国留学。但一年后，虽然 HDS 组的 8 名学生仍然保持着这一初衷，LDS 组的 4 名学生却都决定放弃该计划。

在 HDS 组中，比尔、卡米尔和瑞比选择了"2 + 2"项目①，并决定在美国申请比合作大学更好的学校。因此，他们在第二学年的第一学期就开始准备申请材料。杰森、佐伊和奎妮也选择了"2 + 2"项目，并申请去美国的合作大学学习，相对而言，这更容易，也更方便。由于美国大学入学要求一定的托福成绩，这些学生为准备托福考试而努力学习英语，英语技能也有所提高。此外，在这个过程中，他们还向教师和已在美国大学学习的高年级学生寻求经验和指导，这对他们的社会化也是非常有益的。汉弗莱的计划则有所不同，他对汽车机械设计有着浓厚的兴趣，通过与一些教师和前辈交流，他了解到德国在这方面还有更好的学习项目。因此，他决定将来到德国进行硕士阶段的学习，现在他正在学习德语。陶也希望去美国攻读硕士学位，但他认为本科阶段在中国的大学学习完全可以满足他的学术需求。在中国获得本科学位以后，他将出国攻读研究生学位，以开阔自己的视野。

对于 LDS 组的学生来说，无论是现在的本科学习阶段还是将来的研究生学习阶段，他们都明确表示不会申请出国留学。他们将留在中国攻读硕士学位。从刚入学时计划出国留学到现在决定留在国内学习，对于这种变化产生的原因，LDS 组的 4 位学生一致表示主要是因为他们的

---

① "2 + 2"项目，指大学本科的前两年在国内大学学习，后两年去国外大学学习（见 cisiup. scu. edu. cn）。

英语水平低。例如，埃德温说：

> 我现在再也不想出国学习了，因为我真的不喜欢英语。我不喜
> 欢英语是因为我不能把它学好。（第三次访谈，2018 年 9 月 9 日）

盖格也表示：

> 我觉得我的英语太烂了。如果我出国留学的话，我肯定会有大
> 麻烦的。（第三次访谈，2018 年 9 月 9 日）

除了英语水平有限，亚历克斯还谈到了他的学习态度问题。他说：

> 我一定没机会出去了（出国学习），因为我太懒了。我在学习
> 态度方面有很大的问题。（第三次访谈，2018 年 9 月 9 日）

森田（Morita，2002）和小林（Kobayashi，2004）的研究表明，学
生的目标和他们为之而付出的努力是他们实现社会化的重要因素，因为
他们对实现这些目标的渴望对他们参与实践共同体的活动有很大的影
响。本研究中，HDS 组的学生仍然保持着他们最初的出国留学愿望，
因此他们积极参与课堂内外的学习实践以实现这个目标。他们努力准备
托福考试，并向教师和高年级学生寻求指导和建议。对于 LDS 组的学
生来说，他们有限的英语水平严重阻碍了他们的学习，制约了他们参与
实践共同体的活动，因此他们放弃了到国外学习的目标，而这又进一步
减少了他们对实践共同体活动的参与。他们不需要为托福考试做准备，
提高英语水平的动机也较弱，这不利于他们在以英语为媒介的教学环境
中进行社交。达夫（Duff，2010b）的研究指出，如果学习者的未来轨

迹或目标不需要他们这样做，他们可能不会完全投入实践共同体的活动。

5. 学生的自我概念

课堂观察和访谈的数据表明，HDS 和 LDS 两组学生之间的一个显著差异是他们对自己的看法，即他们的自我概念（self-concept）。HDS 组的学生普遍给予自己比较积极的评价，即使他们在学习中遇到困难时，他们也会保持乐观的态度。例如，当杰森谈到对自己的成绩排名不满意时，他说：

> 在学院真的有很多非常优秀的同学。我认为我的落后只是暂时的。这其实不关乎我能力的问题，而且我知道，只要我再努力一点，我就一定能赶上其他同学的。（第三次访谈，2018 年 9 月 9 日）

同样，陶讲述了自己英语学习中碰到的挫折：他在说英语时，曾经因为怪异的口音而被一些同学嘲笑。

> 最初我真的特别受挫，沮丧。但是之后我想明白了，该受责备的不是我。我的（英语）发音问题是由我过去的英语学习经历导致的。我现在下了很多功夫去改善我的发音，你看，我现在已经进步很多了。对我取得的成果，我很高兴，也很骄傲。（第三次访谈，2018 年 9 月 9 日）

相比之下，LDS 组的学生信心明显不足，遇到困难时，他们往往会怀疑自己，从而产生负面情绪。例如，盖格在访谈中说：

我发现这里的学生都特别聪明，特别优秀。这让我总是质疑我自己，认为我被他们远远地甩到了后面。这种感觉让我很烦，我也不能振作起来去更努力地学习。（第三次访谈，2018 年 9 月 9 日）

埃德温在学习中也是困难重重，他说：

因为我的英语基础比较差，让我在这里的学习很艰难。另外，缺乏自信，也让我没有勇气与我的同学和老师用英语交流。（第三次访谈，2018 年 9 月 9 日）

显而易见，HDS 组的学生持有更积极、自信的自我概念，而 LDS 组的学生则表现得比较消极、不自信。一些语言社会化的实证研究也有类似的发现（如 Morita，2002；Kobayashi，2004；Zappa-Hollman，2007；Mahfoodh，2014），即社会化程度较高的学习者对自己的能力和未来发展更有信心，而社会化程度较低的学习者则容易怀疑自己，并对自己可能取得的进步感到悲观。

五、结论

基于语言社会化理论，本研究探索了以英语为媒介的教学环境下，大学一年级学生融入实践共同体的社会化过程以及影响学生社会化的主要因素。

结果表明，本研究的 12 名研究对象的社会化程度大致可分为社会化程度较高组和社会化程度较低组，两组学生在课堂表现和课外活动参与方面的差异显著。本研究讨论了 5 个影响学生融入实践共同体、实现社会化的主要因素，包括学生的英语水平、学生之前的英语学习经历、学生与教师的交流、学生的学术发展规划以及学生的自我概念。这些因素对学生参与实践共同体活动的意愿和行为有很大的影响，因而会阻碍或促进他们的社会化过程。

本研究对以英语为媒介的教学有一定的启示意义。对于实施以英语为媒介的教学模式的教师和教育机构来说，一个至关重要的任务是，充分了解学生当前的英语水平、之前的英语学习经历和学术兴趣等方面的个体差异，向学生提供充分的、有效的学术支持和情感支持，以促进学生对语言的学习和对专业内容的学习。对于在以英语为媒介的教学环境中学习的学生而言，他们应该树立信心，充分利用实践共同体中的学习资源和学习机会，积极参与实践共同体中的活动，从共同体中更有经验的成员那里寻求更多的帮助和支持，努力成为共同体中更有能力的成员。

由于研究者的时间和精力有限，本研究仍有以下不足之处。首先，我们只是从学生的角度考察了他们的社会化过程，并没有从任课教师的角度来检验学生的社会化过程。因为教师是重要的社会化媒介，对学生社会化过程有重要的意义，所以今后的研究应该对教师进行访谈，了解他们对学生社会化过程的评价和看法。其次，由于客观条件的限制，我们是在研究对象入学后的第二、第三学期进行的实证研究。事实上，在研究对象刚入学的那个学期（即第一学期），由于学习模式和高中相比发生了巨大的变化，他们受到的冲击、发生的改变是最大的。虽然我们在访谈中以追溯的方式了解了每一位研究对象在第一学期的学习经历，但是却缺乏课堂学习情况等方面的数据。此外，社会化是一个持续的过程，本研究只探讨了学生在一个学年中的社会化情况。要对以英语为媒介的教学环境下学生的社会化情况有更全面的了解，应该从学生入学起就进行追踪研究，直至学生完成本科阶段的学习。这样的研究设计更能充分展示在以英语为媒介的教学环境下学生复杂的、动态的社会化过程。

案例五　基于学习策略的教学对中国英语学习者英语口语学习的影响①

If you always do what you always did, you will always get what you always got.

— Albert Einstein

一、研究背景

学习策略自被引入二语习得领域以来，得到了语言学家和语言教师的广泛关注。研究者在学习策略的定义、识别、分类以及策略使用与二语/外语水平之间的关系等方面进行了深入的研究，取得了丰硕的成果。近年来，不少研究者尝试将学习策略运用到课堂教学中，基于学习策略的教学就是一个典型的例子。

基于学习策略的教学（Strategy-Based Instruction，简称 SBI）是一种以学习者为中心的教学方法，它在常规课堂教学中融入了显性（以及隐性）的学习策略训练（Cohen，2000）。通过基于学习策略的教学，学习者可以在运用学习策略进行外语学习和外语使用方面得到系统的训练。基于学习策略的教学让学习者在课堂环境下以自然的方式学习策略，对发展学习者的策略能力大有裨益。

大量的研究证实了基于学习策略的教学在外语学习中的有效性，尤其是在词汇学习和阅读理解方面（O'Malley，1990；Dadour，Robbins，

---

① 本实证研究作者为左红珊、朱月珍。

1996；Cohen，2000）。然而，国内这方面的研究还相对较少，运用学习策略促进学习者口语交际的研究则更为少见。

中国英语教学的一个普遍现象是，很多学生在经历了十多年的中学和大学英语学习之后，口语交际能力仍然较弱。近年来，这一现象受到越来越多的语言研究者和英语教师的重视。为了探索更有效的方法来培养学生的英语口语能力，英语教师做了很多尝试，例如在教学中以英语听说为主、设计合理的教材、为学生提供更愉悦的课堂环境、强调学生参与课堂活动等。就其本质而言，这样做的目的都是促进学生掌握一定的学习策略，并对其进行有效的运用，从而提升英语学习的效果。

本研究旨在探讨基于学习策略的教学对学生英语口语能力的影响、对学生口语策略使用的作用以及策略使用与口语成绩之间的关系。

二、外语学习策略的定义和分类

长期以来，为了提高外语教学效果，外语教师和研究者在教学方法上做了大量的探索和尝试，如翻译法、听说法、直接法、交际法等，但却始终未能给教师提供有效的教学模式。随着认知心理学的发展，20世纪70年代，语言教师和研究者的视角开始从对教师的关注转向对学习者的关注。他们逐渐认识到，单靠研究第二语言教学法难以大幅度提高第二语言学习的效率，必须在研究第二语言怎么教的同时，开展第二语言怎么学的研究，这样才有可能真正提高第二语言学习的效率。这种认识导致第二语言教学研究的中心向学生怎么学转移，第二语言学习策略研究应运而生（Skehan，1998）。越来越多的研究表明，影响外语学习成效的个人因素很多，其中最重要的因素之一就是个人学习策略的运用（O'Malley，Chamot，1990；Oxford，1990，1996）。

语言学习策略是指语言学习者在学习过程中为了使学习变得更为有效、简单、自主而采取的具体的方法和技巧（Oxford，1990）。迄今，研究者已经找出了 600 多种语言学习策略（秦晓晴，1996），并提出了各种学习策略分类模式（如 O'Malley，Chamot，1990；Oxford，1990；Cohen，2000）。其中，沃克斯福德（Oxford，1990）的分类最为完善、合理，获得了普遍的认可。根据策略和语言的关系，她把语言学习策略分为直接策略和间接策略两大类。直接策略直接作用于语言学习，包括记忆策略（如形象记忆、分类记忆等）、认知策略（如分析、推理等）和补偿策略（如猜测生词的意义等）；间接策略则与语言学习没有直接关联，包括元认知策略（如制订学习计划、对学习效果进行自我评价等）、情感策略（如降低焦虑感、自我鼓励等）和社会策略（如合作学习、利用学习资源等）。研究者指出，学习策略本身并无好坏之分、有效和无效之分，它的实际价值在于一定的人在一定的场合下利用某种策略解决一定的问题（Oxford，1990；Cohen，2000）。此外，学习策略不是单独起作用的，它和语言环境，学习者的动机态度、认知风格、个人特点等因素是密不可分的。

三、研究方法

（一）研究假设

基于对相关文献的梳理以及前期研究成果，本研究提出以下假设：

假设 1：接受基于学习策略教学的学生比未接受基于学习策略教学的学生在英语口语成绩上的进步更大；

假设 2：接受基于学习策略教学的学生比未接受基于学习策略教学的学生使用口语策略的频率更高；

假设 3：学生口语策略的使用与其口语成绩的提高呈正相关。

（二）研究对象

本研究的 28 名受试是某大学非英语专业一年级的研究生，其中一半来自材料系，一半来自电子工程系。受试中男生 23 位，女生 5 位，平均年龄为 24 岁。他们被随机分为两组，一个实验组和一个控制组，每组 14 人（见表 5.15）。

表 5.15　受试的基本信息

类别		实验组 （单位：人）	控制组 （单位：人）
性别	女生	3	2
	男生	11	12
	合计	14	14
所学专业	材料	7	7
	电子工程	7	7
	合计	14	14
读研前的大学类型	重点大学	10	9
	普通大学	4	5
	合计	14	14
之前参加英语口语培训班的经历	有	0	1
	否	14	13
	合计	14	14

表 5.16 呈现了两组学生在英语口语前测中的得分情况。独立样本 t 检验结果表明，两组受试的前测成绩无显著差异。

表 5.16　受试前测成绩的描述性统计

项目	组别	均值	中位数	最小值	最大值
分数	实验组	45.71	45.50	42	50
	控制组	45.50	45.50	42	50

（三）研究工具

本研究使用的工具包括两个口语测试（一个在开展基于学习策略

的口语教学项目之前，另一个在开展项目之后）、一份口语策略使用调查问卷和一个策略培训方案。

1. 英语口语测试

本研究设计了两个平行测试来测量基于策略的口语教学项目前后受试的英语口语水平。两个测试的题型相同，都包含两个部分：（1）简短的自我介绍；（2）图片描述。所有受试都在研究者在场的情况下单独进行测试，测试全程录音，平均用时 15 分钟。为保证测验的可靠性，测验由 3 位教师分别评分，这 3 个分数的平均分是受试的最终得分。

口语测试的评分因其主观性而一直备受质疑。在已有口语测试研究的基础上（文秋芳，1999），我们制订了一个评分标准，主要考察英语口语的三个方面：内容（占总分的 40%）、流利性（占总分的 30%）和准确性（占总分的 30%）（详见附录三）。

2. 口语策略使用调查问卷

口语策略使用调查问卷由四部分组成，共 90 个项目（见附录四）。第一部分是个人信息，包括姓名、性别、年龄、专业、英语成绩等。第二、第三部分是关于英语学习和口语练习的目的以及影响英语口语学习的因素。第四部分是问卷的核心部分，主要调查学生口语学习策略的使用情况。第二至第四部分中的每个题目，都有以下 5 个选项，学生根据自己的实际情况选择恰当的选项：

> 1 = 这种说法完全或几乎完全不适合我的情况
>
> 2 = 这种说法通常不适合我的情况
>
> 3 = 这种说法有时适合我的情况
>
> 4 = 这种说法通常适合我的情况
>
> 5 = 这种说法完全或几乎完全适合我的情况

因为本研究的重点是学生口语策略的运用，所以我们对问卷第四部分（包括14个变量）的各个项目之间的内在一致性进行了检验，结果见表5.17。可以看出，该问卷具有较高的信度。

表5.17 问卷第四部分的信度检验

变量名称	项目数（项目编号）	Cronbach's α
计划和安排学习	10（19，20，22，46，57，68，70，78，83，84）	0.78
自我监控	3（42，59，72）	0.63
自我评价	4（43，60，73，80）	0.78
降低焦虑	3（44，61，81）	0.53
合作	4（24，25，63，74）	0.80
资源运用	6（26，39，75，79，89，90）	0.66
重复	7（30，32，40，48，52，69，77）	0.63
使用大纲	2（29，65）	0.79
对比学习	5（27，28，49，66，67）	0.76
记忆策略	3（31，51，85）	0.73
求助	2（34，53）	0.60
回避与迂回	7（35，36，37，38，54，55，56）	0.52
运用母语	4（58，64，76，86）	0.57
使用填充语	3（21，41，71）	0.54

3. 学习策略培训方案

本研究在选择学习策略时，参考了关于成功学习者在学习外语时策略使用的研究，所选择的策略包括元认知策略、情感策略、社会策略、认知策略和补偿策略5个类别（Oxford，1990；Cohen，2000）。根据项目前的问卷调查结果，策略培训中我们尤其关注学生使用频率较低的策略。我们所选择的策略包括以下14种（见表5.18）：

表 5.18　本研究所选择的学习策略一览

策略类型	策略名称	策略描述
元认知策略	计划和安排学习（PLANAR）	组织学习，制订学习目标，计划学习任务等。
	自我监控（MONITO）	识别错误，确定主要错误，弄清出错原因等。
	自我评价（EVALUA）	评估语言学习和策略使用等方面的进展。
情感策略	降低焦虑（ANXIET）	使用深呼吸、冥想等方式放松、减少焦虑。
社会策略	合作（COOPER）	与他人互动以提高语言能力。
认知策略	资源运用（RESOUR）	查找背景信息、生词和有用的语言表达。
	重复（REPETI）	反复进行口语练习、排练、模仿等。
	使用提纲（OUTLIN）	在口语表达前厘清思路、撰写提纲。
	对比分析（CONTRA）	将外语的知识点与母语中对应的内容进行比较。
	记忆策略（MEMORY）	记忆单词时将单词或短语按顺序排列，运用联想、想象和关键词来帮助记忆。
补偿策略	求助（GEHELP）	口语表达中，用直接或间接的方式向他人寻求帮助。
	回避与迁回（AVOIDC）	回避某些话题（例如不熟悉的话题），回避某些语言表达（例如没有把握的语言表达）等。
	运用母语（MOTHTO）	在口语中直接使用母语进行表达。
	使用填充语（GAPFIL）	例如 "well" "let me see" "I think" 等。

注：计划和安排学习，Planning and Arranging Learning，简称 PLANAR；自我监控，Self-Monitoring，简称 MONITO；自我评价，Self-Evaluation，简称 EVALUA；降低焦虑，Lowering Anxiety，简称 ANXIET；合作，Cooperation，简称 COOPER；资源运用，Resourcing，简称 RESOUR；重复，Repetition，简称 REPETI；使用提纲，

Outlining，简称 OUTLIN；对比分析，Contrastive Analysis，简称 CONTRA；记忆策略，Memory Strategy，简称 MEMORY；求助，Getting Help，简称 GEHELP；回避与迂回，Avoidance and Circumlocution，简称 AVOIDC；运用母语，Using the Mother Tongue，简称 MOTHTO；使用填充语，Using Gap Fillers，简称 GAPFIL。

基于策略的英语口语教学共持续 12 周，控制组和实验组的学生均全程参加，本案例的第一作者为任课教师。每个组每周分别上一次课，上课时间为 90 分钟，他们使用同样的材料，遵循同样的教学大纲。唯一的区别在于，教师向实验组的学生系统地讲解了表 5.18 所列的口语策略，而对控制组的学生则没有介绍。除了第一节课（入门课）和最后一节课（复习课）外，每节课程都以口语教学为核心。在实验组的课程中，教师融入了单个策略的学习和使用以及综合策略的使用。教师的策略指导非常详细，重点放在上述 14 种策略的学习和运用上（对这 14 种策略的详细描述见附录五）。此外，为帮助学生综合运用各种策略，教师在策略教学中引用了科恩（Cohen，1996）所设计的口语产出的不同阶段可以使用的策略（见附录六）。如表 5.19 所示，策略培训遵循以下步骤（Dadour et al.，1996）：

表 5.19　策略培训的步骤

编号	活动内容
1	热身活动
2	学生陈述家庭作业并进行讨论
3	教师展示新策略并举例说明
4	学生练习使用新策略并进行讨论活动
5	教师布置家庭作业，让学生在课外的口语活动中练习所教的策略

口语策略培训方案示例见附录七。

四、数据分析

（一）假设 1：接受基于学习策略教学的学生比未接受基于学习策略教学的学生在英语口语成绩上的进步更大

针对第一个研究假设，我们用配对样本 t 检验对控制组和实验组在前测和后测中的成绩进行了分析。结果表明，与前测相比，实验组在后测中取得了显著进步（分数提升 6.07，$p = 0.000 < 0.05$）。控制组虽然成绩有所提升（分数提升 2.29，$p = 0.102 > 0.05$），但统计结果不显著（见表5.20）。这样看来，我们对实验组的策略培训是卓有成效的。

表 5.20 实验组和控制组的前后测成绩比较（配对样本 t 检验）

组别	均值				
	前测	后测	df	t	显著性（双尾）
实验组	45.71 (0.65)	51.86 (0.66)	13	22.378	<0.001
控制组	45.50 (0.68)	48.00 (0.72)	13	14.381	0.102

然后，我们用独立样本 t 检验对两组被试在培训前和培训后的口语成绩进行了比较。结果表明，两组在前测中没有明显差异（$p = 0.821$），而在后测中则出现显著差异（$p = 0.001 < 0.05$），即实验组在后测中的分数显著高于控制组。基于这些数据，我们可以得出结论：显性的学习策略训练对提高学习者的英语口语水平是卓有成效的。

（二）假设 2：接受基于学习策略教学的学生比未接受基于学习策略教学的学生使用口语策略的频率更高

我们对两组受试在策略培训前口语策略的使用情况进行了独立样本 t 检验，结果见表 5.21。可以看出，表 5.21 中没有变量达到差异显著水平（$p > 0.05$）。这说明在实施基于策略的教学前，实验组和对照组的策略使用频率相似。

表 5.21 策略培训前实验组和控制组在口语策略使用频率上的差异

（独立样本 t 检验）

	策略	组别	均值	标准偏差	df	t	显著性（双尾）
1	PLANAR	控制组 实验组	3.18 2.90	0.54 0.57	26	1.332	0.195
2	MONITO	控制组 实验组	3.29 3.30	0.76 0.68	26	−0.044	0.966
3	EVALUA	控制组 实验组	3.05 3.14	0.65 0.46	26	−0.403	0.690
4	ANXIET	控制组 实验组	3.02 2.95	0.83 0.71	26	245	0.809
5	COOPER	控制组 实验组	3.41 3.21	0.68 0.75	26	0.726	0.474
6	RESOUR	控制组 实验组	3.26 3.27	0.72 0.60	26	−0.047	0.963
7	REPETI	控制组 实验组	3.44 3.02	0.51 0.41	26	1.386	0.055
8	OUTLIN	控制组 实验组	3.29 3.07	0.83 1.07	26	0.593	0.558
9	CONTRA	控制组 实验组	2.86 2.96	0.60 0.53	26	−0.471	0.642
10	MEMORY	控制组 实验组	3.05 3.10	0.91 0.56	26	−0.165	0.870
11	GEHELP	控制组 实验组	3.50 3.32	0.59 0.70	26	0.733	0.470

续表5.21

	策略	组别	均值	标准偏差	df	t	显著性（双尾）
12	AVOIDC	控制组 实验组	3.28 3.29	0.44 0.44	26	−0.057	0.955
13	MOTHTO	控制组 实验组	3.36 3.02	0.59 0.57	26	1.545	0.134
14	GAPFIL	控制组 实验组	3.29 3.00	0.54 0.56	26	1.385	0.178

　　然而，在基于策略的口语教学结束后，我们对两个组的策略使用情况进行了比较，发现在 14 个策略中，两个组在 7 个策略的使用上存在显著差异（见表 5.22）。这表明，在培训项目结束时，两个组的学生在口语策略的使用方面出现了差异。

表 5.22　策略培训后实验组和控制组在口语策略使用频率上的差异

（独立样本 t 检验）

	策略	组别	均值	标准差	df	t	显著性（双尾）
1	PLANAR	控制组 实验组	3.46 3.02	0.61 0.52	26	2.055	0.040
2	MONITO	控制组 实验组	3.70 3.43	0.36 0.71	26	1.987	0.043
3	EVALUA	控制组 实验组	3.59 3.36	0.57 0.71	26	0.940	0.356
4	ANXIET	控制组 实验组	3.52 2.81	0.47 0.73	26	3.102	0.005
5	COOPER	控制组 实验组	3.79 3.29	0.64 0.56	26	2.193	0.037
6	RESOUR	控制组 实验组	3.68 3.13	0.41 0.53	26	3.081	0.005

续表5.22

	策略	组别	均值	标准差	df	t	显著性（双尾）
7	REPETI	控制组 实验组	3.54 3.21	0.54 0.67	26	1.979	0.045
8	OUTLIN	控制组 实验组	3.71 3.43	0.611 1.07	26	1.867	0.049
9	CONTRA	控制组 实验组	3.05 2.71	0.59 0.61	26	1.511	0.143
10	MEMORY	控制组 实验组	3.45 3.07	0.84 0.60	26	1.376	0.181
11	GEHELP	控制组 实验组	3.68 3.50	1.03 0.76	26	0.522	0.606
12	AVOIDC	控制组 实验组	3.23 3.21	0.47 0.43	26	0.121	0.905
13	MOTHTO	控制组 实验组	3.45 3.41	0.62 0.72	26	0.141	0.889
14	GAPFIL	控制组 实验组	3.33 3.10	0.74 0.48	26	1.011	0.321

接下来，我们用配对样本 t 检验分别分析了控制组和实验组在口语策略培训前后，口语策略使用频率上的差异，结果见表 5.23 和表 5.24。结果显示，控制组学生的口语策略使用虽然也有微小的变化，但是实验组学生在口语策略使用频率上的差异更显著。在本研究所选择的 14 种口语策略中，实验组在 6 种策略的使用频率上有显著提升，其余的 8 种策略中有一种非常接近显著水平（MONITO，$p = 0.068$）（见表 5.24）。与之形成鲜明对比的是，控制组（表5.23）除了在一种补偿策略（MOTHTO，即在用英语表达思想有困难时改用母语）的使用上有显著差异外，其余策略均没有表现出明显的变化。

表 5.23 口语策略培训前后控制组在口语策略使用频率上的变化

（配对样本 t 检验）

	策略	来源	均值	标准偏差	df	t	显著性（双尾）
1	PLANAR	培训前 培训后	2.90 3.02	0.57 0.52	13	1.142	0.274
2	MONITO	培训前 培训后	3.30 3.43	0.68 0.71	13	1.359	0.197
3	EVALUA	培训前 培训后	3.14 3.36	0.46 0.71	13	1.398	0.186
4	ANXIET	培训前 培训后	2.95 2.81	0.71 0.73	13	−1.031	0.321
5	COOPER	培训前 培训后	3.21 3.29	0.75 0.56	13	0.471	0.645
6	RESOUR	培训前 培训后	3.27 3.13	0.60 0.53	13	−1.023	0.325
7	REPETI	培训前 培训后	3.02 3.21	0.41 0.67	13	1.331	0.206
8	OUTLIN	培训前 培训后	3.07 3.43	1.07 1.07	13	1.735	0.106
9	CONTRA	培训前 培训后	2.96 2.71	0.53 0.61	13	−1.743	0.105
10	MEMORY	培训前 培训后	3.10 3.07	0.56 0.60	13	−0.147	0.885
11	GEHELP	培训前 培训后	3.32 3.50	0.70 0.76	13	1.046	0.315
12	AVOIDC	培训前 培训后	3.29 3.21	0.44 0.43	13	−0.579	0.572
13	MOTHTO	培训前 培训后	3.02 3.41	0.57 0.72	13	1.817	0.055
14	GAPFIL	培训前 培训后	3.00 3.10	0.56 0.48	13	0.486	0.635

表 5.24　口语策略培训前后实验组在口语策略使用频率上的变化
（配对样本 t 检验）

	策略	来源	均值	标准偏差	df	t	显著性（双尾）
1	PLANAR	培训前 培训后	3.18 3.46	0.54 0.61	13	2.591	0.022
2	MONITO	培训前 培训后	3.29 3.70	0.76 0.36	13	1.986	0.069
3	EVALUA	培训前 培训后	3.05 3.59	0.65 0.57	13	2.919	0.012
4	ANXIET	培训前 培训后	3.02 3.52	0.83 0.47	13	2.766	0.016
5	COOPER	培训前 培训后	3.41 3.79	0.68 0.64	13	3.000	0.010
6	RESOUR	培训前 培训后	3.26 3.68	0.72 0.41	13	2.437	0.030
7	REPETI	培训前 培训后	3.44 3.54	0.51 0.54	13	1.099	0.291
8	OUTLIN	培训前 培训后	3.29 3.71	0.83 0.61	13	2.604	0.022
9	CONTRA	培训前 培训后	2.86 3.05	0.60 0.59	13	0.771	0.454
10	MEMORY	培训前 培训后	3.05 3.45	0.91 0.84	13	2.515	0.026
11	GEHELP	培训前 培训后	3.50 3.68	0.59 1.03	13	0.579	0.572
12	AVOIDC	培训前 培训后	3.28 3.23	0.44 0.47	13	−0.278	0.785
13	MOTHTO	培训前 培训后	3.36 3.45	0.59 0.62	13	0.648	0.528
14	GAPFIL	培训前 培训后	3.29 3.33	0.54 0.74	13	0.306	0.765

从表5.24可以看出，在基于策略的口语教学结束后，在本研究所选择的14种口语策略中，实验组对7种策略的使用频率有显著提升。这一结果说明，基于策略的教学对口语策略的使用产生了积极的影响。

（三）假设3：学生口语策略的使用与其口语成绩的提高呈正相关

为了了解英语口语成绩与策略使用的关系，我们用皮尔逊相关分析对实验组学生英语口语提升的分数和口语策略使用频率的变化情况进行了分析，结果见表5.25。该表显示，14种口语策略中，有5种策略使用频率的增加与口语成绩的提高显著相关。这5种策略分别是计划和安排学习（PLANAR）、自我评价（EVALUA）、合作（COOPER）、重复（REPETI）和使用提纲（OUTLIN）。换言之，使用这5种策略更多的学生可能在英语口语成绩上取得的进步更大。在这5种策略中，有两种元认知策略，一种社交策略，两种认知策略，而没有补偿策略。

表5.25　实验组英语口语成绩的提高与口语策略使用频率变化的相关性

	策略	皮尔逊相关系数	显著性（双尾）
1	PLANAR	0.546 *	0.043
2	MONITO	0.422	0.132
3	EVALUA	0.577 *	0.031
4	ANXIET	0.296	0.305
5	COOPER	0.536 *	0.048
6	RESOUR	0.434	0.121
7	REPETI	0.534 *	0.049
8	OUTLIN	0.550 *	0.042
9	CONTRA	− 0.004	0.990
10	MEMORY	0.107	0.716
11	GEHELP	0.086	0.771

	策略	皮尔逊相关系数	显著性（双尾）
12	AVOIDC	0.320	0.265
13	MOTHTO	−0.337	0.238
14	GAPFIL	0.004	0.990

* 相关在 0.05 水平上显著（双尾）。

五、讨论

（一）基于策略的教学对提高英语口语成绩的积极作用

上面的数据分析表明，与控制组相比，实验组在开展基于策略的教学项目后英语口语成绩有了显著的提高（见表5.20）。也就是说，合理的学习策略教学可以对口语成绩产生积极的影响。

本研究的这一研究结果与其他学者运用策略培训来提升二语/外语口语水平的研究是一致的。努南（Nunan，见 Cohen，2000）对 15 种口语策略的培训结果表明，策略训练对学生的学习动机有显著的影响，有益于学生的口语学习。多尔内（Dörnyei，1995）对三种补偿策略（话题回避和替换、迂回、使用插入语和犹豫）的研究也表明，通过策略培训，学生使用的策略的质量和数量都有了提高，而且学生对策略培训持有积极的态度。科恩（Cohen，2000）调查了基于策略的教学对提高法语学习者口语能力的作用。结果表明，在三个口语任务（自我介绍、故事复述、城市描述）中，实验组在第三个任务（即城市描述）上的表现优于对照组。此外，实验组学生在自我介绍任务中，词汇的使用水准更高。这些研究从不同角度表明，学习策略训练能对二语/外语学习者的口语学习产生积极的影响。

（二）基于策略的教学对口语策略运用的积极作用

本研究的策略教学以培养学生的口语策略能力为目标，重点放在以下 3 个方面：（1）提升学生的策略意识；（2）鼓励学生更多地、更恰当地使用所教授的策略；（3）敦促学生不断对策略的使用情况进行自我评估。前面的数据分析显示，在本研究使用的 14 种口语策略中，实验组的受试在接受基于策略的口语教学后，对其中的 7 种策略的使用频率显著增加，说明策略培训是有效果的。下文将详细讨论基于策略的教学对策略使用情况的影响。

1. 元认知策略

元认知策略在语言学习中极为重要。然而，对受试元认知策略的调查显示，在实施基于策略的教学前，实验组和控制组对本研究所选的 3 种元认知策略（计划和安排学习、自我监控和自我评价）的使用频率都相对较低（见表 5.23 和 5.24）。因此，策略培训过程中我们对这些策略予以了特别关注，对学生进行了系统的培训。

关于"计划和安排学习"（PLANAR）这一策略，在培训刚开始时，我们向实验组学生介绍了制定学习目标的重要性，并要求每个受试根据自己目前的口语能力、可利用的时间、个人的学习风格等因素制定一个切实可行的口语学习计划。研究者仔细阅读学生的计划，不时检查他们计划的执行情况，并协助他们完成计划。此外，研究者鼓励学生寻找尽可能多的机会来练习英语口语。研究者向学生反复强调练习对语言学习的重要性，并向他们介绍了多种创造口语练习机会的方法，包括在课堂上积极参与互动、用英语打电话、在宿舍只说英语等。这种有意识的培训切实提高了学生计划和安排学习的意识，数据显示（见表 5.22 和表 5.24），在接受了策略培训教学后，实验组使用该策略的频率明显高于培训前，也高于控制组。这说明策略培训对促进该策略的使用卓有成效。

自我监控（MONITO）是指学生有意识地监控并纠正自己在英语口语中的错误。在策略培训中，我们要求学生写下他们在英语口语学习中最突出的困难，并设法消除这些困难。我们还鼓励学生追溯这些问题的原因，例如受母语规则的影响或不恰当的逐字翻译等。基于策略的教学结束后，实验组学生对该策略的使用频率明显增加，尽管仍未达到显著水平（$p = 0.069 > 0.05$，见表5.24）。我们认为，该策略使用频率的提高，一方面说明基于策略的教学对于促进学习策略的使用有明显的效果，另一方面也表明学生可能对口语产出的准确性有很高的期望。大多数学生表示害怕因为说错而丢脸，对英语口语的准确性很在意，在口语产出上非常小心。我国传统的英语教学模式是造成这一状况的重要原因。一般来说，中国学生从小学或中学就开始学习英语，学习的重点通常是词汇、语法和阅读。毋庸置疑，这三个方面对准确性的要求高于口语产出。因此，长期接受传统英语教学模式的学生，无意之中就把对准确性的追求迁移到口语产出中，对英语口语的准确性有较高的要求，因而自我监控策略使用频率较高。

在以学习者为中心的课堂中，评价的作用举足轻重（Nunan，1997）。因此，研究者在策略培训中非常重视"自我评价"（EVALUA）这一策略。数据显示（见表5.24），对这一策略的训练是有效的。在接受了基于策略的教学后，实验组学生使用这一策略的频率显著升高。在接受策略培训前，学生很少有意识地反思自己说英语的过程。策略培训结束后，他们更关注自己说英语的过程，会有意识地评估自己的口语产出的质量和策略使用情况，进而调整英语口语学习。正如学生在学习日记中所报告的，通过评价自己的学习，尤其是他们所取得的进步，他们对英语口语学习感到更有信心。

综上所述，基于策略的教学对两种元认知策略（即"计划和安排学习"和"自我评价"）的作用是显著的，实验组对三种元认知策略的使用频率均显著高于基于策略的教学前。

2. 情感策略——降低焦虑感

在 4 种语言技能（听、说、读、写）中，学习者的焦虑感都有很强的作用，有可能对学习造成阻碍（Oxford，1990）。相较而言，四种语言技能中，"说"引起的焦虑通常是最大的。然而，降低焦虑和自我激励等情感策略却往往被语言学习者遗忘，因为他们习惯于从他人那里获得鼓励，而没有意识到自己也能给自己鼓励（Oxford，1990：143）。为此，我们在培训中向实验组的学生介绍了一系列有助于降低学习焦虑的技巧，包括深呼吸、冥想、自我激励等。在了解了这些策略的重要性和使用方法之后，学生们在遇到困难的时候会尝试运用这些策略来降低焦虑感。例如，一位学生在访谈中说：

> 当我在全班同学面前讲话时，我常常感到紧张。但现在我懂得了"熟能生巧"，在学习英语口语中犯错是很自然的，也是无法避免的。我现在在课堂上讲话时会尽量控制自己的情绪，我发现这很有帮助。（弗兰克）

虽然本研究的受试是成人学习者，但许多受试表示，自己在全班同学面前发言仍然感到紧张、害怕。一个可能的原因是，学生已经习惯了以教师为中心的教学，缺乏在公共场合进行演讲的训练。一旦他们掌握了放松和降低焦虑的方法，他们就会适时地应用这些策略来减轻焦虑感。因此，在策略培训后该策略的使用频率显著增加。

3. 社会策略——合作

尽管社会策略在语言学习中起着重要的作用，但是研究表明，亚洲学生作为高度熟练的死记硬背学习者很少采用这一策略（Wenden，1987）。正如沃克斯福德所说（Oxford，1990），运用合作策略并不是语言学习者的第二天性。在没有受到特殊训练或鼓励的情况下，语言学习者通常不会自发地使用合作策略。

在策略培训中，我们向学生强调语言是一种涉及他人的社会行为形式，因此运用社交策略是有益的。然后，我们让每位学生在课后找一位同伴练习口语，一起做口语活动，在口语学习中遇到困难时互相帮助。此外，我们还鼓励他们多与英语母语者以及英语口语好的同学交流。

我们发现，学生一旦意识到社会策略的重要性，就会习惯运用这种策略。在他们的学习日记中，有的学生写到自己"试图发现并纠正同伴在口语中的错误"，"与同伴讨论如何完成语言任务"，"要求室友在宿舍里说英语"等。一些学生甚至尝试在校园里寻找外国人并与之交流，并汇报说"与外国人交流并不像我之前想象的那么难"，因为"对外国人来说，我也是外国人，他们会容忍我的错误，甚至帮助我"。

数据分析表明（见表 5.23 和表 5.24），在接受了基于策略的口语教学后，实验组学生使用合作策略的频率显著增多，而控制组学生则没有明显变化。

4. 认知策略

认知策略直接作用于输入的信息，为学习者提供处理目标语言的技巧，协助学习者以有益于学习的方式加工信息（O'Malley，Chamot，1990），因此认知策略在学习一门新的语言时是必不可少的。本研究涉及的认知策略包括资源运用（RESOUR）、重复（REPETI）、使用提纲（OUTLIN）、对比分析（CONTRA）和记忆策略（MEMORY）。数据分析（见表 5.22 和表 5.24）表明，策略教学对资源运用、使用提纲、记忆策略有效，而对重复和对比分析策略没有显著影响。

资源运用指寻找并使用参考材料来产生信息。这一策略在英语口语产出中的重要性不言而喻，它能帮助学习者找到有用的想法、统计数据或表达方式。然而，策略培训前的调查表明，大多数学生习惯于把说话看作简单的语言产出过程，往往忽视了说话前的内容形成和语言编码过程。在本次策略培训中，我们向实验组学生介绍了运用资源的重要性，并鼓励学生从现有的材料（如词典、单词表、杂志书籍等）中获取相关信息，为口语活动做准备。结果显示，策略培训对这一策略的作用是明显的。学生们逐渐认识到资源在口语产出中的价值，并养成了使用词典、书籍等帮助他们完成口语任务的习惯。正如一位受试在日记中所写的，在准备题为"健康生活"的演讲时，他"试图寻找关于健康的资料，比如世界卫生组织提出的四种健康生活方式——不吸烟、不喝酒、均衡饮食和定期锻炼"（斯通）。

使用提纲尽管是一种非常重要的口语策略，但学习者通常缺乏必要的训练，不能有效地进行使用（Oxford，1990）。为此，我们在培训中详细讲解了口语产出中提纲的使用，教学生用"购物单"、T 形图或树状图等多种方式组织、陈列自己的想法。在培训结束之后，学生们在口语活动中会频繁地使用这一策略。根据学生的英语口语学习日记，实验组的所有受试在完成"健康生活"这一演讲任务时都使用了提纲。学生们普遍认为这一策略非常有价值，正如采访中的一位受试所说："在发言前先制定提纲让我感到自信。它也让我紧扣重点，防止我走神。"（苏珊娜）

在口语表达中，记忆策略发挥着重要的作用，因为学生需要有相当的语言储备，记住大量的惯用语。培训之前的调查显示，学生们普遍认为自己在英语口语表达和模式方面"缺乏足够的储备"。因此，本研究选择了一些惯用语教给学生，以满足学生的需要。同时，我们也向学生反复强调记忆策略的重要性。此外，我们还鼓励学生用分类、使用关键词等方式来记忆日常会话中常用的表达，以提升口语产出的加工速度和口语表达的准确度。

认知策略中，对比分析策略的培训效果则不尽如人意（见表 5.22

和表5.24）。究其原因，可能是学生习惯于传统的学习方式，对课本和教师的依赖程度很高，不愿意自己花时间进行汉语和英语的对比分析。正如一位学生在学习日记中所写："我知道对比分析可能会有助于英语学习，但这太麻烦，太费时了。如果课本上恰好有汉语和英语的对比，我会很乐意去学习。但我自己不会进行对比分析。"（吉安娜）

5. 补偿策略

补偿策略帮助学习者弥补语法，尤其是词汇方面的不足，使学习者能够在知识有限的情况下运用新语言进行理解或产出。本研究训练的补偿策略包括求助（GEHELP）、回避与迂回（AVOIDC）、使用母语（MOTHTO）、使用填充语（GAPFIL）。数据分析结果（见表5.22和表5.24）表明，补偿策略的培训效果并不显著。究其原因，可能有以下几个方面。

首先，对于一些补偿策略，如求助、使用母语、使用填充语等，学生在培训前的使用频率已经比较高了（见表5.23和表5.24）。这并不难理解，因为在知识和能力有限的情况下，学生不管是使用母语还是外语，都需要运用这些技巧让自己的表达更流畅。学生在汉语的使用中已经有丰富的补偿策略使用的经验，即使不经过刻意的训练，也完全可以把这些母语中常用的策略迁移到英语口语表达中。

其次，就回避策略而言，它的优势在于可以保护学习者的情感，并且让学习者有机会在稍后的会话中谈论其他事情（Oxford，1990）。本研究的受试都有很强的英语口语学习动机，因此尽管有困难，他们还是会尽可能地参与口语活动。所以，回避策略对他们来说意义不大。对于迂回策略，一些学生在学习日志中写到，他们确实想用几种不同的方式表达一个意思，但"由于词汇储存不足"（杰克斯），他们往往做不到这一点。

第三个原因可能是经过口语培训后，学习者的口语水平有所提高，能更好地用英语交流。因此，他们对补偿策略的使用需求会减少。

最后，需要注意的是，正如前面所讨论的，补偿策略是一种权宜之计，长远来看可能会阻碍语言学习的发展。因此，在教学中，我们明确告知学生补偿策略的弊端，让他们不要滥用这些策略。这也可能是即使经过培训，补偿策略的使用频率仍然较低的一个原因。

（三）策略使用与口语成绩提高的关系

前面的数据分析表明，学生口语成绩的提高与所教策略使用频率的增加有关（见表 5.25）。在 14 个策略中，有 5 个策略与学习成绩显著正相关，包括计划和安排学习（PLANAR）、自我评价（EVALUA）、合作（COOPER）、重复（REPETI）以及使用提纲（OUTLIN）。

前人研究发现，计划和安排学习的策略有助于所有语言技能的发展（Oxford，1990）。制订学习计划能让学生更加明确自己的学习目标，使他们能够系统地进行课后学习，保证他们即使在其他课程压力很大的情况下也能安排时间学习英语口语。此外，寻求实践机会的策略提高了学生对实践的重要性的认识，让他们有机会多开口、多说话。学生有了明确的学习目标，进行有组织的学习，积极寻找练习机会，自然就会获得更好的成绩。

努南（Nunan，1997）指出，自我评价是以学习者为中心的课堂的核心。自我评价策略为学习者提供了发现自己的优势和不足、观察学习进展、评价口语成绩以及监控学习策略使用的手段。学生若是掌握了这些策略并能学以致用，必定能取得更好的学习效果。

关于合作策略，正如沃克斯福德（Oxford，1990）所言，与同伴的合作以及与外语能力更强的学习者合作，对语言学习来说是必不可少的。她认为合作语言学习具有很多优势，例如能给学习者塑造更强的自信心，带来更多的学习乐趣和更大的成就，并能减少偏见，增强利他主义和相互关心，同时也能增强语言学习动机，创造更多的语言实践机会，得到更多关于语言错误的反馈等（Oxford，1990）。因此，学习者在口语学习中积极使用合作策略有助于提升口语水平。

重复策略在英语口语学习中非常有用，学生反复倾听或观看英语母语者的表达并进行模仿。通过模仿母语者，学生可以改善自己的语音语调，扩大词汇量，了解文体的使用，更得当地运用肢体语言。毫无疑问，经常使用这一策略对英语口语能力的培养大有裨益。

使用提纲能帮助学生在口语产出时更清晰、更有逻辑性地组织他们的想法，从而使语言产出更流利、更准确。本研究中的一位学生在学习日志中记录道："如果没有提纲的指导，我可能很容易失去重点，忘记之前打算说什么。说话时有提纲让我觉得轻松，我可以根据它进行阐述，不会离题很远。"（小龙）可以看出，英语口语产出中，提纲为学生提供了指导和方向，不仅让他们的表达更流畅、更有逻辑性，也能减轻他们的焦虑感。

综上所述，本研究发现 5 种口语策略的使用频率与英语口语成绩的提升之间存在正相关。也就是说，使用这些策略越多的学生在英语口语成绩上的提高越大。这一发现与一些学者关于口语策略培训的研究结果是一致的（Dadour，Robbins，1996；Cohen，2000）。

六、结论

本研究采取实验组—控制组的研究设计，考察了以学习者为中心的教学方法——基于学习策略的教学——在英语口语学习中的效果。研究结果表明，相比未接受基于学习策略的教学的学生，接受了基于学习策略的口语教学的学生在口语测试中取得的进步更为显著。此外，基于学习策略的教学有助于学习者在口语产出中更多地使用策略，而且策略使用频率的增加与英语口语成绩的提高之间存在一定的正相关。

上述研究结果表明，基于学习策略的教学对提高英语学习者的口语能力有积极的作用。为此，我们对英语口语教学提出三点建议。

（一）将学习策略培训融入英语口语课堂

口语教学中，教师可以明确、系统地向学生介绍口语策略，以促进学生的口语学习。教师可以把学习策略培训融入常规课堂教学中，首先告知学生策略教学的价值和目的，然后系统地教授策略、敦促学生使用这些策略，并引导学他们对自己策略的使用进行评价。此外，教师也可以采用讲座的形式对学生进行策略指导，例如每月举行一到两次讲座，向学生系统地介绍英语口语学习的策略。

正如布朗（Brown，1994）所言，并不是所有的学习者都是一样的。因此，教师在策略训练中要充分考虑学生的个体差异。具体而言，教师可以根据学习者的英语口语水平将其分组，根据不同组别的特点来设计策略培训方案，以满足不同群体的需求。这样的策略教学会更有针对性，因而更有可能取得良好的效果。

（二）实施策略培训

基于学习策略的教学中，系统地实施策略培训是重中之重。根据文献研读和本研究的实践经验，我们认为策略培训可以按照以下步骤进行。

第一步，评估学习者的需求，例如他们目前的和预期的英语水平、之前使用语言学习策略的经验、学习风格和偏好以及对语言学习的信念和态度等。第二步，认真筛选将要训练的策略。在这方面，沃克斯福德（Oxford，1990）的"语言学习策略指导"（Strategy Instruction for Language Learning，简称 SILL）非常有参考价值，很多语言教学项目都采用了其中的策略。第三步，教师结合所选择的策略、学生的需求以及可利用的时间等因素，制订切实可行的策略教学方案。第四步，进行策略教学。教师要明确告知学生所要培训的策略、使用这些策略的价值和作用以及如何使用这些策略，并评估学生的策略使用情况，同时指导他们将所学过的策略迁移到新的学习任务中。最后，应当注意的是，策略培训方案不是一成不变的，教师在教学过程中应根据学生学习的实际情况不断对培训方案进行评估和修订，以提升策略培训的效果。

（三）教师在基于学习策略的教学中所发挥的作用

基于学习策略的教学强调学生在学习过程中合理、充分地运用学习策略，非常重视学生的学习自主性。在这种情况下，教师之于学习的意义远远超过了传统的知识之泉的角色。正如科恩（Cohen，2000）所指出的，教师应该在课堂上充当变革的推动者的角色，让学生意识到并肩负起学习的责任，教师则承担起诊断者、培训者、教练、协调者、语言学习者和研究者等多元的角色（见图5.3）。

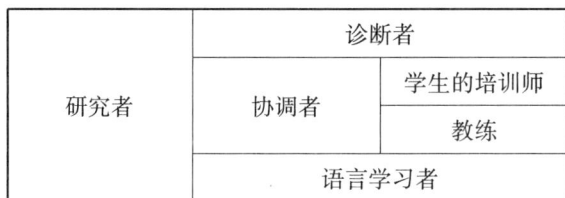

研究者	诊断者	
	协调者	学生的培训师
		教练
	语言学习者	

图5.3　教师作为变革的推动者（Cohen，2000）

教师在教学中要承担诊断者的角色，识别、评价学生所使用的学习策略，提高他们对策略的认识，从而提高学生对策略的选择和运用。作为培训者，教师对学生就策略使用进行系统的培训。作为教练，教师要对学生进行单独的、个性化的训练，发展他们的语言学习策略，持续不断地向学生提供有针对性的指导。作为协调者，教师要监督学生学习计划的执行，在教学大纲允许的范围内支持学生进行个性化的调整。此外，教师也是语言学习者，能充分体会学生在语言学习中所经历的艰辛和挣扎。例如，教师可以以资深语言学习者的身份，跟学生分享他们的语言学习经验。教师还要承担起研究者的角色，与学生一起分析他们的学习过程，对学习内容、学习方法和学习进度等进行调整，以帮助学生取得最佳的学习效果。

　　总之，随着学生承担起学习的主体责任，教师也被赋予了很多新的角色，为学生的学习提供全方位的支持。

参 考 文 献

蔡基刚，2012."学术英语"课程需求分析和教学方法研究［J］.外语
教学理论与实践（2）：30－35＋96.

蔡基刚，2014a.从通用英语到学术英语——回归大学英语教学本位
［J］.外语与外语教学（1）：9－14.

蔡基刚，2014b.学业用途英语、学术用途英语及优质外语教育［J］.外
语电化教学（3）：3－8.

蔡基刚，陈宁阳，2013.高等教育国际化背景下的专门用途英语需求分
析［J］.外语电化教学（5）：3－9.

崔丹，2013.我国留学生在加拿大短期学习经历中英语熟练度变化的研
究［D］.上海：上海外国语大学.

蒋梦麟，2012.西潮与新潮［M］.北京：人民出版社.

姜亚军，赵刚，2006.学术语篇的语言学研究：流派分野和方法整合
［J］.外语研究（6）：1－5＋80.

黑玉琴，黑玉芬，2012.国外学术语篇研究的新趋势［J］.外语学刊
（1）：89－93.

兰良平，黄伟嘉，2022.课堂互动的结构模式研究：会话分析和语言社
会化的融合视角［J］.外语界（1）：30－38.

刘芹，2008.中国大学生英语口语水平研究［J］.现代外语（1）：83－89
　　＋110.

刘芹，胡银萍，张俊锋，2011.理工科大学生英语口语形成性评估体系
　　构建与验证［J］.外语教学（1）：57－61.

刘鸿颖，刘芹，2020.理工科大学生学术英语口语课堂动态评估研究
　　［J］.外语测试与教学（1）：53－60.

鲁修红，李欣，2012.国内外中国研究生跨文化敏感度比较研究［J］.
　　学术探索（9）：105－107.

栾岚，赵红军，2017.中国学生职场英语口语能力量表研究［J］.辽宁工
　　业大学学报（社会科学版）（2）：133－136.

潘亚玲，2008.我国外语专业学生跨文化能力培养实证研究［J］.中国
　　外语（4）：68－74.

钱敏汝，2001.篇章语用学概论［M］.北京：外语教学与研究出版社.

秦晓晴，1996.第二语言学习策略研究的理论和实践意义［J］.国外外
　　语教学（4）：1－5＋46.

邱洪瑞，2023.语言社会化理论对专业学位研究生课程教学的启示
　　［J］.大学教育（7）：33－35.

史兴松，2016.超学科视角下的二语社会化理论［J］.现代外语（1）：
　　119－127＋147.

苏芳，杨鲁新，2021.语言社会化视角下的外语课堂研究［J］.外语教
　　学（5）：37－42.

苏芳，李琛，侯俊霞，2023.语言社会化视域下外语专业教材的接受行
　　为研究［J］.现代外语（4）：514－526.

王初明，2009.学相伴　用相随——外语学习的学伴用随原则［J］.中
　　国外语（5）：53－59.

王初明，2014.内容要创造 语言要模仿——有效外语教学和学习的基本思路［J］.外语界（2）：42-48.

王秋菊，2013.走向多元化的当代中国留美学生——留美学生的新特点与新问题［J］.江苏师范大学学报（哲学社会科学版）（4）：6-16.

王艳，2018.以语言能力、思辨能力和跨文化能力为目标构建外语听力教学新模式［J］.外语教学（6）：69-73.

王振亚，2005.以跨文化交往为目的的外语教学——系统功能语法与外语教学［M］.北京：北京语言大学出版社.

魏惠琳，2013.语言社会化研究的理论基础及前景展望［J］.外语学刊（6）：10-12.

文秋芳，1999.英语口语测试与教学［M］.上海：上海外语教育出版社.

吴卫平，2013.中国大学生跨文化能力综合评价研究［D］.武汉：华中科技大学.

吴卫平，樊葳葳，彭仁忠，2013.中国大学生跨文化能力维度及评价量表分析［J］.外语教学与研究（4）：581-593.

吴建设，2014."出国留学"与二语习得研究：回顾及展望［J］.北京第二外国语学院学报（12）：77.

吴建设，罗小娜，2016.出国留学语境下的二语习得研究［J］.第二语言学习研究（2）：40-52.

夏宗凤，2019.出国留学语境框架下跨文化敏感度调查研究——以2016—2017年美国富布莱特外语助教为例［J］.语言教育（3）：26-31.

姚春林，2023.基于语言社会化理论的大学英语课堂师生互动影响因素研究［J］.外国语言文学（4）：110-120.

尹洪山，2011.从社会文化理论到语言社会化理论——二语习得研究的

社会学转向 [J].青岛科技大学学报（社会科学版）(1)：95 -98.

尹洪山，康宁，2009.语言社会化研究述评 [J].语言教学与研究 (5)：87 -92.

余淼，2018.论外语交流意愿研究的两次转变 [J].现代外语 41 (4)：574 -585.

郁小萍，2001.中国学生留英学习体验调查 [J].现代外语 (3)：317 -323.

张萍，2013.小组协作 任务驱动 任务分解——硕士研究生学术英语交流能力培养的教改实验 [J].学位与研究生教育 (7)：33 -37.

赵成涛，2009.我国留学生产业现状及影响因素研究 [J].世界经济情况 (7)：42 -49.

赵健，2006.学习共同体——关于学习的社会文化分析 [M].上海：华东师范大学出版社.

张文忠，夏赛辉，2011.兴趣驱动的课外学习调查：以"个性化英语学习"课程为例 [J].中国外语教育 (1)：3 -11 +66.

钟建军，陈中永，2007.多面体的一面：第二语言学习的社会化过程 [J].心理科学 (5)：1151 -1154.

钟家宝，钟兰凤，陈红，2014.不同学习风格学习者学术英语语言技能需求分析 [J].江苏大学学报（社会科学版）(4)：79 -85.

周海明，2020.系统功能语言学视角下的语言社会化研究 [J].西安外国语大学学报 (4)：34 -38.

周楠，2011.实践共同体理论的三要素对课堂建设的理论意义 [J].现代教育技术 (2)：86 -89.

AGUILAR M，MUŇOZ C，2014. The effect of proficiency on CLIL benefits in engineering students in Spain [J]. International journal of applied linguistics, 24 (1): 1－18.

ALLEN H W, HERRON C, 2003. A mixed-methodology investigation of the linguistic and affective outcomes of summer study-abroad [J]. Foreign language annals (36): 370－385.

ALLPORT G W, 1954. The nature of prejudice [M]. Reading, MA: Addison-Wesley.

ALLWRIGHT D, BAILEY K, 1991. Focus on the language classroom: An introduction to classroom research for language teachers [M]. Cambridge: Cambridge University Press.

ALRED G, 2003. Becoming a "better stranger": A therapeutic perspective on intercultural experience and/as education [C]//ALRED G, BYKAM M, FLEMING M. Intercultural experience and education. Clevedon: Multilingual Matters: 14－30.

ANDERSON L J, 2008. Community college ESL teachers' perceptions of their work: A phenomenological case study [D]. Normal: Illinois State University.

ASAKAWA K, CSIKSZENTMIHALYI M, 1998. The quality of experience of Asian American adolescents in activities related to future goals [J]. Journal of youth & adolescence, 27 (2), 141－163.

ASTIN A W, 1993. What matters in college? Four critical years revisited [M]. San Francisco: Jossey-Bass.

ATKINSON P, 1992. Understanding ethnographic texts [M]. Newbury Park, CA: Sage Publications.

ATKINSON D, RAMANATHAN V, 1995. Cultures of writing: An ethnographic comparison of L1 and L2 university writing / language programs [J]. TESOL quarterly, 29 (3): 539 –568.

AVELLO P, MORA J C, PÉREZ-VIDAL C, 2012. Perception of FA by non-native listeners in a study abroad context [J]. Research in language, 10 (1): 63 –78.

BAILEY K M, NUNAN D, 1996. Voices from the language classroom: Qualitative research in second language education [C]. Cambridge: Cambridge University Press.

BAKHTIN M M, 1982. The dialogic imagination: Four essays [M]. Texas: University of Texas Press.

BAUMGARTEN N, 2016. L2 English academic speaking development: Insights from a multilingual university context [J]. Procedia-social and behavioral sciences (232): 145 –153.

BEATTIE J, VALLS-FERRER M, PÉREZ-VIDAL C, 2014. Listening performance and onset level in formal instruction and study abroad [C] // PÉREZ-VIDAL C. Language acquisition in study abroad and formal instruction contexts. Amsterdam/Philadelphia: John Benjamins: 195 –216.

BECKER H S, 1986. Writing for social scientists: How to start and finish your thesis, book, or article [M]. Chicago: University of Chicago Press.

BECKETT G, 2005. Academic language and literacy socialization through project-based instruction: ESL student perspectives and issues [J]. Journal of Asian pacific communication, 15 (1): 191 –206.

BEHRND V, PORZELT S, 2012. Intercultural competence and training outcomes of students with experiences abroad [J]. International journal of intercultural relations, 36 (2): 213 – 223.

BIBER D, 1988. Variation across speech and writing [M]. Cambridge: Cambridge University Press.

BOURDIEU P, 1977. Outline of a theory of practice [M]. Cambridge: Cambridge University Press.

BRAUN V, CLARKE V, 2006. Using thematic analysis in psychology [J]. Qualitative research in psychology, 3 (2): 77 – 101.

BREEN M, 2001. Learner contributions to language learning: New directions in research [C]. Harlow: Pearson Education.

BRISLIN R W, YOSHIDA T, 1994. Intercultural communication training: An introduction [C]. Thousand Oaks, CA: Sage Publications.

BROPHY J, 1999. Working with perfectionist students (Report No. 4) [R]. Urbana, IL: ERIC Clearinghouse on Elementary and Early Childhood Education.

BROWN H D, 1994. Principles of language learning and teaching [M]. Englewood Cliffs, NJ: Prentice Hall Regents.

BURDELSKI M J, HOWARD K M, 2020. Language Socialization in Classrooms: Culture, Interaction, and Language Development [M]. Cambridge: Cambridge University Press.

BYRAM M, 1997. Teaching and assessing intercultural communicative competence [M]. Clevedon: Multilingual Matters.

BYUN K, CHU H, KIM M, PARK I, KIM S, JUNG J, 2011. English-medium teaching in Korean higher education: Policy debates and reality [J]. Higher education, 62 (4): 431 – 449.

CALIGIURI P M, 2000. The big five personality characteristics as predictors of expatriate's desire to terminate the assignment and supervisor-rated performance [J]. Personnel psychology, 53 (1), 67-88.

CARRASQUILLO A L, RODRÍGUEZ V, 2002. Language Minority Students in the Mainstream Classroom [M]. 2nd edition. Clevedon: Multilingual Matters.

CARRELL P L, 1984. Inferencing in ESL: Presuppositions and implications of factive and implicative predicates [J]. Language learning, 34 (1): 1-19.

CASANAVE P C, 2002. Writing games: Multicultural case studies of academic literacy practices in higher education [M]. Mahwah, NJ: Lawrence Erlbaum Associates.

CHANG Y, SPERLING M, 2014. Discourse and identity among ESL learners: A case study of community college ESL classroom [J]. Research in the teaching of English, 49 (1): 31-51.

CHAPPEL J, 2015. Teaching in English in not necessarily the teaching of English [J]. International education studies, 8 (3): 1-13.

CHEN G M, 2010. A study of intercultural communication competence [M]. Hongkong: China Review Academic Publishers.

CHO D W, 2012. English-medium instruction in the university context of Korea: Tradeoff between teaching outcomes and media-initiated university ranking [J]. The journal of Asia TEFL, 9 (4): 135-163.

CHOMSKY N, 1965. Aspects of the theory of syntax [M]. Cambridge, MA: The MIT Press.

CLIFFORD J, MARCUS G E, 1986. Writing culture: The poetics and politics of ethnography [M]. Berkeley: University of California Press.

COHEN A D, 2000. Strategies in learning and using a second language [M]. Beijing: Foreign Language Teaching and Research Press.

COLLENTINE J, 2004. The effects of learning contexts on morphosyntactic and lexical development [J]. Studies in second language acquisition, 26 (2): 227 – 248.

COLLENTINE J, FREED B F, 2004. Learning context and its effects on second language acquisition [J]. Studies in second language acquisition, 26 (2): 153 – 172

CSOMAY E, 2005. Linguistic variation within university classroom talk: A corpus-based perspective [J]. Linguistics and education, 15 (3): 243 – 274.

CUBILLOS J H, CHIEFFO L, FAN C, 2008. The impact of short-term study abroad programs on L2 listening comprehension skills [J]. Foreign language annals, 41 (1): 157 – 186.

CZERWIONKA L, ARTAMONOVA T, BARBOSA M, 2015. Intercultural knowledge development: Evidence from student interviews during short-term study abroad [J]. International journal of intercultural relations, 49: 80 – 99.

DADOUR E S, ROBBINS J, 1996. University-level studies using strategy instruction to improve speaking ability in Egypt and Japan [C] // OXFORD R. Language learning strategies around the world: cross-cultural perspectives. Honolulu: University of Hawaii Press: 157 – 166.

DE BEAUGRANDE P, DRESSLER W, 1981. Introduction to text linguistics [M]. London: Longman.

DEKEYSER R M, 1991. Foreign language development during a semester abroad [C] // FREED B F. Foreign language acquisition research and the classroom. Lexington, MA: D. C. Heath and Company: 104 – 118.

DE WIT H, 2002. Internationalisation of higher education in the United States of America and Europe: A historical, comparative, and conceptual analysis [M]. Westport, CT: Greenwood Press.

DEARDORFF D K, 2004. The identification and assessment of intercultural competence as a student outcome of internationaization at institutions of higher education in the United States [D]. Raleigh: North Carolina State University.

DEARDORFF D K, 2006. Identification and assessment of intercultural competence as a student outcome of internationalization [J]. Journal of studies in international education, 10 (3): 241 –266.

DEWEY D P, 2004. A comparison of reading development by learners of Japanese in intensive domestic immersion and study abroad contexts [J]. Studies in second language acquisition, 26 (2): 303 – 327.

DEWEY D P, 2017. Measuring social interaction during study abroad: Quantitative methods and challenges [J]. System (71): 49 –59.

DEWEY D P, BOWN J, EGGETT D, 2012. Japanese language proficiency, social networking, and language use during study abroad: Learners' perspectives [J]. The Canadian modern language review, 68 (2): 111 –137.

DEWEY D P, RING S, GARDNER D, BELNAP R K, 2013. Social network formation and development during study abroad in the Middle East [J]. System, 41 (2): 269 –282.

DÍAZ-CAMPOS M, 2004. Context of learning in the acquisition of Spanish second language phonology [J]. Studies in second language acquisition, 26 (2): 249 –273.

DÖRNYEI Z, 1995. On the teachability of communication strategies [J]. TESOL quarterly, 29 (1): 55 – 85.

DUDLEY-EVANS T, HENDERSON W, 1990. The language of economics: The analysis of economic discourse [M]. ELT Documents No. 134, Oxford: Modern English Publications in association with the British Council.

DUDLEY-EVANS T, ST JOHN M J, 1998. Developments in English for specific purposes: A multi-disciplinary approach [M]. Cambridge: Cambridge University Press.

DUFF P A, 1995. An ethnography of communication in immersion classrooms in Hungary [J]. TESOL quarterly, 29 (3): 505 – 537.

DUFF P A, 2002. The discursive co-construction of knowledge, identity, and difference: An ethnography of communication in the high school mainstream [J]. Applied linguistics, 23 (3): 289 – 322.

DUFF P A, 2003. New directions in second language socialization research [J]. Korean journal of English language and linguistics, 3 (3): 309 – 339.

DUFF P A, 2007. Problematising academic discourse socialization [C] // MARRIOTT H, MOORE T, SPENCE-BROWN R. Learning discourses and the discourses of learning. Melbourne: Monash University Press: 1 – 18.

DUFF P A, 2007. Second language socialization as sociocultural theory: Insights and issues [J]. Language teaching, 40 (4): 309 – 319.

DUFF P A, 2010a. Language socialization [C] // HORNBERGERN H, MCKAY S. Sociolinguistics and language education. Bristol: Multilingual

Matters: 427 - 452.

DUFF P A, 2010b. Language socialization into academic discourse communities [J]. Annual review of applied linguistics (30): 169 - 192.

DUFF P A, 2012. Second language socialization [C] // DURANTI A, OCHS E, SCHIEFFELIN B. The handbook of language socialization. New York: Blackwell: 564 - 586.

DUFF P A, 2014. Case study research on language learning and use [J]. Annual review of applied linguistics (34): 233 - 255.

DUFF P A, KOBAYASHI M, 2010. The intersection of social, cognitive, and cultural processes in language learning: A second language socialization approach [C] // BATSTONE R. Sociocognitive perspectives on language use and language learning. Oxford: Oxford University Press: 75 - 93.

DUFF P A, TALMY S, 2011. Language socialization approaches to second language acquisition: Social, cultural, and linguistic development in additional languages [C] // ATKINSON D. Alternative approaches to second language acquisition. London: Routledge: 95 - 116.

DURANTI A, OCHS E, SCHIEFFELIN B B, 2008. The handbook of language socialization [C]. Malden, MA: Blackwell.

DWYER M M, 2004. More is better: The impact of study abroad program duration [J]. Frontiers journal, 10 (3): 151 - 163.

EARLS W C, 2016. Evolving agendas in European English-medium higher education: Interculturality, multilingualism and language policy [M]. Basingstoke: Palgrave Macmillan.

ELLILI-CHERIF M, ALKHATEEB H, 2015. College students' attitude toward the medium of instruction: Arabic versus English Dilemma [J]. Universal journal of educational research, 3 (3): 207 - 213.

ERIKSSON A, MAKITALO A, 2013. Referencing as practice: Learning to write and reason with other people's texts in environmental engineering education [J]. Learning, culture, and social interaction, 2 (3): 171 - 183.

EVERHART R, 1998. Unraveling the "model minority" stereotype: Listening to Asian American youth [J]. Anthropology and education quarterly, 29 (1): 132 - 133.

FANTINI A E, 2000. A central concern: Developing intercultural competence [OL]. Retrieved from http://www. sit. edu/publications/docs/competence. pdf.

FANTINI A E, 2006. Assessment tools of intercultural competence [EB/OL]. Brattleboro, VT: School for International Training. Retrieved from http://www. sit. edu/publications/docs/feil_ appendix. pdf.

FENTON-SMITH B, HUMPHREYS P, WALKINSHAW I, 2017. English medium instruction in higher education in Asia Pacific: From policy to pedagogy [M]. Dordrecht: Springer.

FERRIS D, 1998. Students' views of academic aural / oral skills: A comparative needs analysis [J]. TESOL quarterly, 32 (2): 289 - 318.

FERRIS D, TAGG T, 1996. Academic oral communication needs of EAP learners: What subject-matter instructors actually require [J]. TESOL quarterly, 30 (1): 31 - 58.

FLOWERDEW L, 2005. An integration of corpus-based and genre-based approaches to text analysis in EAP/ESP: Countering criticisms against corpus-based methodologies [J]. English for specific purposes, 24 (3): 321 −332.

FLOWERDEW J, MILLER L, 1995. On the notion of culture in L2 lectures [J]. TESOL quarterly, 29 (2): 345 −373.

FREED B F, 1995. Second language acquisition in a study abroad context [M]. Amsterdam/Philadelphia: John Benjamins Publishing Company.

FREED B F, SEGALOWITZ N, DEWEY D P, 2004. Context of learning and second language fluency in French: Comparing regular classroom, study abroad, and intensive domestic immersion programs [J]. Studies in second language acquisition, 26 (2): 275 −301.

FREED B, SO S, LAZAR N A, 2003. Language learning abroad: How do gains in written fluency compare with gains in oral fluency in French as a second language? [J]. ADFL bulletin, 34 (3): 34 −40.

GAO X S, 2010. Strategic language learning: The roles of agency and context [M]. Bristol: Multilingual Matters.

FUJIEDA Y, 2015. Academic literacy and discourse socialization of seven multilinguals in a research seminar course in a Japanese university [D]. Pennsylvania: Indiana University of Pennsylvania.

GREGERSEN-HERMANS J, 2015. The impact of exposure to diversity in the international university environment and the development of intercultural competence in students [C] // CURAJ A, MATEI L, PRICOPIE R, SALMI J, SCOTT P. The European higher education area. Cham: Springer: 73 −92.

GREGERSEN T, HORWITZ E K, 2002. Language learning and perfectionism: Anxious and non-anxious language learners' reactions to their own oral performance [J]. The modern language journal, 86 (4): 562 - 570.

GUSFIELD J, 1976. The literary rhetoric of science: Comedy and pathos in drinking driver research [J]. American sociological review, 41 (1): 16 - 34.

HA M J, KIM H C, 2014. E-learning education for academic literacy in computer-mediated communication [J]. International journal of software engineering and its application, 8 (1): 107 - 118.

HALLIDAY M A K, MARTIN J R, 1993. Writing science: Literacy and discursive power [M]. Pittsburgh: University of Pittsburgh Press.

HANDS C M, 2014. Youth perspectives on community collaboration in education: Are students innovative developers, active participants, or passive observers of collaborative activities? [J]. School community journal, 24 (1): 69 - 97.

HANVEY R G, 1976. An attainable global perspective [M]. New York: Center for Global Perspectives.

HARDISON D M, 2014. Changes in second-language learners' oral and socio-affective profiles following study abroad: A mixed-methods approach [J]. Canadian modern language review, 70 (4): 415 - 444.

HERNÁNDEZ T A, 2010a. Promoting speaking proficiency through motivation and interaction: The study abroad and classroom learning contexts [J]. Foreign language annals, 43 (4): 650 - 670.

HERNÁNDEZ T A, 2010b. The relationship among motivation, interaction, and the development of second language oral proficiency in a study-abroad context [J]. The modern language journal, 94 (4): 600 - 617.

HILLESON M, 1996. "I want to talk with them, but I don't want them to hear": An introspective study of second language anxiety in an English-medium school [C] // BAILEY K M, NUNAN D. Voices from the language classroom: Qualitative research in second language education. Cambridge: Cambridge University Press: 248 - 275.

HISMANOGLU M, 2011. An investigation of ELT students' intercultural communicative competence in relation to linguistic proficiency, overseas experience and formal instruction [J]. International journal of intercultural relations, 35 (6): 805 - 817.

HO M, 2007. Academic discourse socialization of American and Taiwanese graduate students in TESOL: A case study of small group activities [D]. Arizona: Arizona State University.

HO M, 2011. Academic discourse socialization through small-group discussions [J]. System, 39 (4): 437 - 450.

HORWITZ E K, HORWITZ M B, COPE J, 1986. Foreign language classroom anxiety [J]. The modern language journal, 70 (2): 125 - 132.

HYLAND K, 2009. Academic discourse: English in a global context [M]. London: Continuum International Publishing Group.

HU G, MCKAY S L, 2012. English language education in East Asia: Some recent developments [J]. Journal of multilingual and multicultural development, 33 (4): 345 - 362.

HU G, Lei J, 2014. English-medium instruction in Chinese higher education: A case study [J]. Higher education, 67 (5): 551 - 567.

HU G, LI L, LEI J, 2014. English-medium instruction at a Chinese university: Rhetoric and reality [J]. Language policy, 13 (1):

21 –40.

HUTCHINSON T, WATERS A, 1987. English for specific purpose ［M］. Cambridge: Cambridge University Press.

HYMES D, 1972. On communication competence ［C］// PRIDE J B, HOLMES J. Sociolinguistics. Harmondsworth: Penguin: 269 –293.

JACOBY S, 1998, Science as performance: Socializing scientific discourse through the conference talk rehearsal ［D］. California: University of California.

JIN L, CORTAZZI M, 2006. Changing practices in Chinese cultures of learning ［J］. Language, culture and curriculum, 19 (1): 5 –20.

JOCHUM C J, 2014. Measuring the effects of a semester abroad on students' oral proficiency gains: A comparison of At-Home and Study Abroad ［J］. Frontiers the interdisciplinary journal of study abroad (24): 93 –104.

JOE Y, LEE H, 2013. Does English-medium instruction benefit students in EFL contexts? A case study of medical students in Korea ［J］. The Asia-Pacific education researcher, 22 (2): 201 –207.

JORDAN R R, 1997. English for academic purposes ［M］. Cambridge: Cambridge University Press.

KHAN H I, 2013. An investigation of two universities' postgraduate students and their teachers' perceptions of policy and practice of English medium of instruction in pakistani universities ［D］. Glasgow: University of Glasgow.

KIM S, 2006. Academic oral communication needs of East Asian international students in non-science and non-engineering fields ［J］. English for specific purposes, 25 (4): 479 –489.

KOBAYASHI M, 2003. The role of peer support in students' accomplishment of oral academic tasks [J]. Canadian modern language review, 59 (3): 337 – 368.

KOBAYASHI M, 2004. A sociocultural study of second language tasks: Activity, agency, and language socialization [D]. Vancouver: Unpublished doctoral dissertation.

KOBAYASHI M, 2016. L2 academic discourse socialization through oral presentations: A Japanese undergraduate student's learning trajectory in study abroad [J]. Canadian modern language review, 72 (1): 95 – 121.

KOLB D A, 1984. Experiential learning: Experience as the source of learning and development [M]. Englewood Cliffs: Prentice-Hall.

KOIKE D A, 1996. Transfer of pragmatic competence and suggestions in Spanish foreign language learning [C] // GASS S, NEU J. Speech acts across cultures: Challenges to communication in a second language. New York: Mouton de Gruyter: 257 – 281.

LAFFORD B A, 1995. A comparison of communicative strategies used by students studying spanish abroad and "at home" [C] // FREED B F. Second language acquisition in a study abroad context. Amsterdam: John Benjamins: 97 – 121.

LAFFORD B A, 2004. The effects of the context of learning on the use of communication strategies by learners of Spanish as a second language [J]. Studies in second language acquisition, 26 (2): 201 – 225.

LANTOLF J P, 2000. Sociocultural theory and second language learning [C]. Oxford: Oxford University Press.

LAVE J, WENGER E, 1991. Situated learning: Legitimate peripheral participation [M]. Cambridge: Cambridge University Press.

LEKI I, 2001. "A narrow thinking system": Nonnative-English-speaking students in group projects across the curriculum [J]. TESOL quarterly, 35 (1): 39 – 67.

LIMBERG H, 2007. Discourse structure of academic talk in university office hour interactions [J]. Discourse studies, 9 (2): 176 – 193.

LIN L, MORRISON B, 2010. The impact of the medium of instruction in Hong Kong secondary schools on tertiary students' vocabulary [J]. Journal of English for academic purposes, 9 (4): 255 – 266.

LIU L, 2014. Language proficiency, reading development, and learning context [J]. Frontiers: the interdisciplinary journal of study abroad (24): 73 – 92.

LIU M, JACKSON J, 2008. An exploration of Chinese EFL learners' unwillingness to communicate and foreign language anxiety [J]. The modern language journal, 92 (1): 71 – 86.

LIU N F, LITTLEWOOD W, 1997. Why do many students appear reluctant to participate in classroom learning discourse? [J]. System, 25 (3): 371 – 384.

LLANES À, 2012. The short- and long-term effects of a short study abroad experience: The case of children [J]. System, 40 (2): 179 – 190.

LLANES À, BARÓ R, SERRANO R S, 2011. Length of stay and study abroad: Language gains in two versus three months abroad [J]. RESLA (24): 95 – 110.

LLANES À, MUÑOZ C, 2009. A short stay abroad: Does it make a difference? [J]. System, 37 (3): 353 – 365.

LLANES À, MUÑOZ C, 2013. Age effects in a study abroad context:

children and adults studying abroad and at home [J]. Language learning, 63 (1): 63 - 90.

LONG M H, 1981. Input, interaction, and second-language acquisition [J]. Annals of the New York academy of sciences, 379 (1): 259 - 278.

LOSEY K M, 1997. Listen to the silences: Mexican American interaction in the composition classroom and community [M]. Westport, CT: Greenwood Publishing Group.

LUKE A, 2003. Literacy and the other: A sociological approach to literacy research and policy in multilingual societies [J]. Reading research quarterly, 38 (1): 132 - 141.

LUSTIG M W, KOESTER J, 2003. Intercultural competence: Interpersonal communication across cultures [M]. 4th ed. Boston: Allyn and Bacon.

MACARO E, CURLE S, PUN J, AN J, DEARDEN J, 2018. A systematic review of English medium instruction in higher education [J]. Language teaching, 51 (1): 36 - 76.

MACINTYRE P D, DÖRNYEI K, CLÉMENT R, NOELS K, 1998. Conceptualizing willingness to communicate in a L2: A situational model of L2 confidence and affiliation [J]. The modern language journal, 82 (4): 545 - 562.

MAHFOODH H A, OMER, 2014. Oral academic discourse socialization: Challenges faced by international undergraduate students in a malaysian public university [J]. International education studies, 7 (2): 10 - 17.

MAGNAN S S, BACK M, 2007. Social interaction and linguistic gain during study abroad [J]. Foreign language annals, 40 (1): 43 - 61.

MAIWORM F, WÄCHTER B, 2014. English-taught programmes in European higher education: The state of play in 2014 [M]. Bonn: Lemmens.

MEDINA-LOPEZ-PORTILLO A, 2004. Intercultural learning assessment: The link between program duration and the development of intercultural sensitivity [J]. Frontiers: the interdisciplinary journal of study abroad (10): 179 – 199.

MILLER J, 1999. Making connections through holistic learning [J]. Educational leadership, 56 (4): 46 – 48.

MORELL T, 2007. What enhances EFL students' participation in lecture discourse? Student, lecturer and discourse perspectives [J]. Journal of English for academic purposes, 6 (3): 222 – 237.

MORITA N, 2004. Negotiating participation and identity in second language academic communities [J]. TESOL quarterly, 38 (4): 573 – 603.

MORITA N, 2000. Discourse socialization through oral classroom activities in a TESL graduate program [J]. TESOL quarterly, 34 (2): 279 – 310.

MORITA N, 2002. Negotiating participation and identity in second language academic communities: A study of identity, agency, and transformation [D]. Vancouver: University of British Columbia.

MORITA N, 2009. Language, culture, gender, and academic socialization [J]. Language and education, 23 (5): 443 – 460.

MORITA N, KOBAYASHI M, 2008. Academic discourse socialization in a second language [C]//DUFF P A, HORNBERGER N H. Encyclopedia of language and education, Vol. 8, Language socialization. New York: Springer: 243 – 255.

MUÑOZ C, LLANES À, 2014. Study abroad and changes in degree of foreign accent in children and adults [J]. The modern language journal, 98 (1): 432 –449.

NAKANE I, 2007. Silence in intercultural communication: Perceptions and performance [M]. Amsterdam: John Benjamins Publishing Company.

NORTON PIERCE B, 1995. Social identity, investment, and language learning [J]. TESOL quarterly, 29 (1): 9 –31.

NORTON B, 2001. Non-participation, imagined communities, and the language classroom [C] // BREEN M. Learner contributions to language learning: new directions in research. Harlow: Pearson Education: 159 – 171.

NORTON B, 2013. Identity and language learning: Extending the conversation [M]. 2nd ed. Bristol: Multilingual Matters.

NORTON B, TOOHEY K, 2001. Changing perspectives on good language learners [J]. TESOL quarterly, 35 (2): 307 –322.

NUNAN D, 1997. Strategy training in the language classroom: An empirical investigation [J]. RELC journal, 28 (2): 56 –81.

OCHS E, 2002. Becoming a speaker of culture [M] // KRAMSH C. Language acquisition and language socialization. London: Continuum: 99 –120.

OCHS E, 1988. Culture and language development: Language acquisition and language socialization in a Samoan village [M]. Cambridge: Cambridge University Press.

OCHS E, SCHIEFFELIN B, 1984. Language acquisition and socialization: Three developmental stories and their implications [C] // SHWEDER R A,

LEVINE R A. Culture theory：essays on mind，self and emotion. Cambridge：Cambridge University Press：276－320.

OCHS E，SCHIEFFELIN B，2008. Language socialization：An historical overview ［C］// DUFF P A，HORNBERGER N H. Encyclopedia of language education，2nd ed，Vol. 8，Language socialization. New York：Springer：3－15.

OLSON C L，KROEGER K R，2001. Global competency and intercultural sensitivity ［J］. Journal of studies in international education，5（2）：116－137.

O'MALLEY J M，CHAMOT A U，1990. Learning strategies in second language acquisition ［M］. Cambridge：Cambridge University Press.

ONWUEGBUZIE A J，BAILEY P，DALEY C E，1999. Factors associated with foreign language anxiety ［J］. Applied psycholinguistics，20（2）：217－239.

ORLANDI M，WESTON R，EPSTEIN L，1992. Cultural competence for evaluators working with ethnic minority communities：A guide for alcohol and other drug abuse prevention practitioners ［C］. Rockville，MD：Office for substance abuse prevention，cultural competence series 1.

OXFORD R，1990. Language learning strategies：What every teacher should know ［M］. New York：Newbury House.

OXFORD R，1996. Language learning strategies around the world：Cross-cultural perspectives ［C］. Honolulu：University of Hawaii Press.

PENG R Z，WU W P，FAN W W，2015. A comprehensive evaluation of Chinese college students' intercultural competence ［J］. International journal of intercultural relations（47）：143－157.

PEDERSEN P，1995. The five stages of cultural shock：Critical incidents around the world [M]. Westport, Connecticut: Greenwood Press.

PESSOA S, MILLER R T, KAUFER D, 2014. Students' challenges and development in the transition to academic writing at an English-medium university in Qatar [J]. International review of applied linguistics in language teaching, 52 (2): 127 – 156.

POTTS D, 2005. Pedagogy, purpose, and the second language learner in on-line communities [J]. Canadian modern language review, 62 (1): 137 – 160.

PUSCH M, 1993. The chameleon capacity [C] // LAMBERT R D. Educational exchange and global competence. New York: Council on international education exchange: 205 – 210.

ROWE M B, 1986. Wait time: Slowing down may be a way of speeding up! [J]. Journal of teacher education, 37 (1): 43 – 50.

RUBIN J, 1975. What the "good language learner" can teach us [J]. TESOL quarterly, 9 (1): 41 – 51.

SANDHU D S, ASRABADI B R, 1994. Development of an acculturative stress scale for international students: Preliminary findings [J]. Psychological reports, 75 (1): 435 – 448.

SARASON B R, SARASON I C, PIERCE G R, 1990. Traditional views of social support and their impact on assessment [C] // SARASON B R, SARASON I G PIERCE G R. Social support: An international view. John Wiley & Sons: 9 – 25.

SASAKI M, 2009. Changes in EFL students' writing over 3. 5 years: A socio-cognitive account [C] // MANCHÓN R M. Writing in foreign language context: learning, teaching, and researching. Clevedon,

England：Multilingual Matters：49 – 76.

SASAKI M，2011. Effects of varying lengths of study abroad experiences on Japanese EFL students' L2 writing ability and motivation：A longitudinal study ［J］. TESOL quarterly，45（1）：81 – 105.

SCHIEFFELIN B，OCHS E，1986. Language socialization across cultures ［M］. Cambridge：Cambridge University Press.

SCHRAM J L，LAUVER P J，1988. Alienation in international students ［J］. Journal of college student development，29（2）：146 – 150.

SCOVEL T，1994. The role of culture in second language pedagogy ［J］. System，22（2）：205 – 219.

SEGALOWITZ N，FREED B，2004. Context，contact，and cognition in oral fluency acquisition：Learning Spanish in at home and study abroad contexts ［J］. Studies in second language acquisition，26（2）：173 – 199.

SELONI L，2012. Academic literacy socialization of first year doctoral students in US：A micro-ethnographic perspective ［J］. English for specific purposes，31（1）：47 – 59.

SERRANO R，LLANES À，TRAGANT E，2011. Analyzing the effect of context of second language learning：Domestic intensive and semi-intensive courses vs. study abroad in Europe ［J］. System，39（2）：133 – 143.

SERRANO R，TRAGANT E，LLANES À，2012. A longitudinal analysis of the effects of one year abroad ［J］. Canadian modern language review，68（2）：138 – 163.

SHAMIM F，1996. Learner resistance to innovation in classroom methodology

[C] // COLEMAN H. Society and the language classroom, Vol. 1. Cambridge: Cambridge University Press: 105 - 121.

SHI X, 2007. Intercultural language socialization: Theory and methodology [J]. Intercultural communication studies, 16 (1): 230 - 242.

SHI X, 2010. Intercultural language socialization of a Chinese MBA student in an American negotiation class [J]. Journal of pragmatics, 42 (9): 2475 - 2486.

SKEHAN P, 1998. A cognitive approach to language learning [M]. Oxford: Oxford University Press.

SOLTANI B, 2018. Academic socialization as the production and negotiation of social space [J]. Linguistics and education (45): 20 - 30.

SPACK R, 1997. The acquisition of academic literacy in a second language: A longitudinal case study [J]. Written communication, 14 (1): 3 - 62.

STRAFFON D A, 2003. Assessing the intercultural sensitivity of high school students attending an international school [J]. International journal of intercultural relations, 27 (4): 487 - 501.

STROUD C, WEE L, 2006. Anxiety and identity in the language classroom [J]. RELC journal, 37 (3): 299 - 307.

SULTANA S, 2014. English as a medium of instruction in Bangladesh higher education: Empowering or disadvantaging students? [J]. Asian EFL Journal, 16 (1): 11 - 52.

SURDAM J, COLLINS J, 1984. Adaptation of international students: A cause for concern [J]. Journal of college student personnel: 240 - 244.

SWAIN M, 2000. The output hypothesis and beyond: Mediating acquisition through collaborative dialogue ［C］// LANTOLF J P. Sociocultural theory and second language learning. Oxford：Oxford University Press：97 – 114.

SWAIN M, DETERS P, 2007. "New" mainstream of SLA theory：Expanded and enriched ［J］. The modern language journal, 91 （5）：820 – 836.

SWALES J M, 1990. Genre analysis：English in academic and research settings ［M］. Cambridge：Cambridge University Press.

TARRANT M A, LYONS K, 2012. The effect of short-term educational travel programs on environmental citizenship ［J］. Environmental education research, 18 （3）：403 – 416.

TÓTH Z, 2011. Foreign language anxiety and advanced EFL learners：An interview study ［J］. WoPaLP （5）：39 – 57.

TOWELL R, HAWKINS R, BAZERGUI N, 1996. The development of fluency in advancedlearners of French ［J］. Applied linguistics （17）：84 – 119.

TRACY K, 1997. Colloquium：Dilemmas of academic discourse ［M］. Norwood, NJ：Ablex.

TROFIMOVICH P, BAKER W, 2006. Learning second language suprasegmentals：Effect of L2 experience on prosody and fluency characteristics of L2 speech ［J］. Studies in second language acquisition, 28 （1）：1 – 30.

TSUI A, 1996. Reticence and anxiety in second language learning ［C］// BAILEY K M, NUNAN D. Voices from the language classroom：Qualitative research in second language education. Cambridge：Cambridge

University Press: 145 - 167.

UMINO T, BENSON P, 2016. Community of practice in study abroad: A four-year study of an Indonesian student's experience in Japan [J]. The modern language journal, 100 (4): 757 - 774.

VICKERS C H, 2007. Second language socialization through team interaction among electrical and computer engineering students [J]. The modern language journal, 91 (4): 621 - 640.

VYGOTSKY L S, 1978. Mind in society [M]. Cambridge, MA: Harvard University Press.

WARREN B, ROSEBERY A S, 1996. "This question is just too, too easy!" Perspectives from the classroom on accountability in science [M] // SCHAUBLE L, GLASER R. Innovations in learning: new environments for education. Hillsdale, NJ: Lawrence Erlbaum: 97 - 125.

WATSON J R, WOLFEL R, 2015. The intersection of language and culture in study abroad: Assessment and analysis of study abroad outcomes [J]. Frontiers: The interdisciplinary journal of study abroad (25): 57 - 72.

WATSON-GEGEO K A, 1992. Thick explanation in the ethnographic study of child socialization: A longitudinal study of the problem of schooling for Kwara'ae (Solomon Islands) children [C] // CORSARO W A, MILLER P J. Interpretive approaches to children's socialization. Special issue of new directions for child development (58): 51 - 66.

WATSON-GEGEO K A, 2004. Mind, language, and epistemology: Toward a language socialization paradigm for SLA [J]. The modern language journal, 88 (3): 331 - 350.

WATSON-GEGEO K A, NEILSEN S, 2003. Language socialization in SLA

[C] // DOUGHTY C, LONG M H. The handbook of second language acquisition. Oxford: Blackwell: 155 – 171.

WENDEN A, ROBIN J, 1987. Learner strategies in language learning [M]. Englewood Cliffs: Prentice/Hall International.

WENGER, 1998. Communities of practice: Learning, meaning, and Identity [M]. Cambridge: Cambridge University Press.

WESTWOOD M J, BARKER M, 1990. Academic achievement and social adaptation among international students: A comparison of groups study of the peer-pairing program [J]. International journal of intercultural relations, 14 (21): 251 – 263.

WILLET J, 1997. Becoming first graders in an L2: An ethnographic study of L2 socialization [J]. TESOL quarterly, 29 (3): 437 – 503.

WISEMAN R L, 2001. Intercultural communication competence [C] // GUDYKUNST W, MODY B. Handbook of intercultural and international communication. Newbury Park, CA: Sage Publications: 207 – 224.

WISEMAN R L, HAMMER M R, NISHIDA N, 1989. Predictors of intercultural communication competence [J]. International journal of intercultural relations, 13 (3): 349 – 370.

WRAY A, 2002. Formulaic language and the lexicon [M]. Cambridge: Cambridge University Press.

YANG W, 2015. Content and language integrated learning next in Asia: Evidence of learners' achievement in CLIL education from a Taiwan tertiary degree program [J]. International journal of bilingual education and bilingualism, 18 (4): 361 – 382.

YIM Y K, 2011. Second language students' discourse socialization in academic online communities [J]. Canadian modern language review, 67 (1): 1 - 27.

ZAPPA-HOLLMAN S, 2007. Academic presentations across post-secondary contexts: The discourse socialization of non-native English speakers [J]. Canadian modern language review, 63 (4): 455 - 485.

ZAPPA-HOLLMAN S, DUFF P A, 2015. Academic English socialization through individual networks of practice [J]. TESOL quarterly, 49 (2): 333 - 368.

ZUENGLER J, COLE K, 2005. Language socialization and second language learning [C] // HINKEL E. Handbook of research in second language teaching and learning. Mahawah: Lawrence Erlbaum Associates.

附　录

附录一　学术语境下中国留学生英语口语
使用情况调查问卷

亲爱的朋友：

非常欢迎您参加本次问卷调查！

我们是四川大学外国语学院"英语语境下中国留学生英语口头学术语篇的社会化研究"（教育部人文社会科学研究项目）课题组。本问卷为该课题研究的一部分，旨在了解中国留学生在国外学习期间，在学术语境下（如课堂学习、课外研讨、学术会议等）英语口语的使用情况。本问卷为匿名填写，请您根据您的实际情况作答，非常感谢您的配合！

我们对回收上来的答卷会严格保密，并承诺问卷结果将仅使用于本课题研究。再次对您的配合表示诚挚的谢意！

如果您在填写问卷过程中有任何问题，请联系我们（×××××@163.com）。

个人基本信息

您留学的国家：＿＿＿＿＿＿＿

您在国外就读的学校：＿＿＿＿＿＿＿

您的专业：＿＿＿＿＿＿＿

您在国外读的是：本科／硕士／博士（请选择）

您在国外读书的起止时间：＿＿＿年＿＿＿月至＿＿＿年＿＿＿月

您在留学期间修读的专业课程（请列举 2～3 门）：＿＿＿＿＿＿＿

＿＿＿＿＿＿＿＿＿＿＿＿＿＿＿＿＿＿＿＿＿＿＿＿＿＿＿＿＿＿＿＿＿

您的性别：＿＿＿＿＿＿＿

您的年龄：＿＿＿＿＿＿＿

学术语境下英语听/说使用需求

下面是关于留学生在国外学习期间，学术语境下英语口语和听力的使用需求。请根据您的学习经历选择合适的选项（下列情况中所指的语言均为英语）。

在您留学期间所修读的课程中：

1. 学生参与课堂讨论的表现是课程考核的一部分。

　　从不　　　　有时　　　　经常　　　　总是

2. 课堂上学生以小组的形式用英语进行讨论。

　　从不　　　　有时　　　　经常　　　　总是

3. 学生在课外组成小组共同完成课程任务（以英语为工作语言）。

　　从不　　　　有时　　　　经常　　　　总是

4. 学生在课堂上用英语进行展示（presentation）。

　　从不　　　　有时　　　　经常　　　　总是

5. 学生在课堂上用英语进行辩论。

　　从不　　　　有时　　　　经常　　　　总是

6. 学生在课外与英语母语者交流以完成课外作业（如采访、调查等）。

　　从不　　　　有时　　　　经常　　　　总是

7. 学生在课堂上或者课后用英语向老师提问。

　　从不　　　　有时　　　　经常　　　　总是

8. 学生向老师汇报自己的研究进展。

　　从不　　　　有时　　　　经常　　　　总是

9. 学生与任课老师单独讨论课程学习中的问题。

　　从不　　　　有时　　　　经常　　　　总是

学术英语口语能力自评量表

请您评估、对比自己刚到国外学习时和现在的学术英语口语水平，并根据序号所代表的意思选择恰当的序号。所选序号一定要能如实反映您的实际情况。

　　　　1 = 这种说法完全或几乎完全不适合我的情况

　　　　2 = 这种说法通常不适合我的情况

　　　　3 = 这种说法有时适合我的情况

　　　　4 = 这种说法通常适合我的情况

　　　　5 = 这种说法完全或几乎完全适合我的情况

（温馨提示：下列问题所指均为学术语境下英语的使用。）

一、发音

10. 我的英语发音准确。

11. 我的英语发音清晰、易于辨识。

12. 我在英语口语中能恰当地运用语调。

二、语法和词汇

13. 我在英语口语表达中语法正确。

14. 我在英语口语表达中能够使用丰富多样的词汇。

15. 在学术语境中，我会使用比较正式的表达方式。

16. 在口语表达中，我能准确运用专业术语。

17. 在口语表达中，我能有效使用固定短语和句型。

三、语篇能力

18. 在口语表达中，我能恰当地使用连接词。

19. 我的口语表达流利。

20. 我能就所谈论的话题充分展开讨论。

21. 我在阐述自己的观点时具有说服力。

22. 我在叙述论据时条理清晰。

23. 在口语表达中，我的语言逻辑清楚。

24. 在学术讨论中，我能用实例支撑自己的观点。

四、语用能力

25. 当对话者提问时，我能灵活应答。

26. 我能根据谈话的语境选择适宜的语言。

27. 当我不同意对方的观点时，能进行有效的反驳。

28. 我能根据谈论的话题选择适宜的语言。

29. 我能根据谈话的对象选择适宜的语言。

五、交际能力

30. 我能用恰当的语言发起和结束谈话。

31. 在对话中，我设法找到发言的机会。

32. 在对话中，我鼓励他人发言。

33. 在说话中发现自己的错误时，我及时进行纠正。

34. 边说边想时，我使用填充词（如：em，eer，let me see）填补空白，以免停顿。

35. 遇到不会表达的地方，我用相近的说法或解释来表示。

36. 在学术讨论中遇到不熟悉的话题时，我能随机应变，避免冷场。

六、专业表达能力

37. 我能准确地使用英语介绍自己所学的专业。

38. 我能有效地用英语介绍自己正在研究的课题。

39. 我能准确地使用英语描述自己的学术兴趣。

40. 我能有效地用英语描述自己的学术经历（如所修读的专业课程、阅读的专业书籍、撰写的论文等）。

41. 我能准确地用英语描述自己在学术领域遇到的困难。

42. 我能与英语为母语者深入探讨专业问题。

七、非言语交际能力

43. 在口语表达中，我没有明显的背诵痕迹。

44. 在谈话中，我会与谈话对象进行目光交流。

45. 在对话交流时，我的面部表情丰富。

46. 在对话交流时，我的身体语言（如手势）丰富。

47. 在对话中，我会使用重音或者语调变化来突出重点。

48. 在交流中出现语言障碍时，我会采取适当的策略（如使用身体语言）让对方明白自己的意思。

八、跨文化交流能力

49. 我了解所在国家的历史、地理和社会政治知识。

50. 我了解所在国家的生活方式和价值观知识。

51. 我与外国人交流时明白彼此存在文化相似性和差异性。

52. 我了解所在国家的社交礼仪和文化禁忌知识。

53. 在与外国人交流时，我不卑不亢、有礼貌。

54. 在交流中出现跨文化冲突和误解时，我能妥善解决处理。

学术英语语境下的交流意愿

55. 我在课堂上积极回答老师的提问。

56. 我有信心与英语为母语的学者讨论学术问题。

57. 我积极参加课外的学术交流活动（如听讲座、参加学术会议）。

58. 在课程学习中我积极参加小组讨论。

59. 在学习或研究中遇到困难时，我会向老师请教。

60. 在学术语境中，我愿意听别人发言而不愿意自己开口说英语。

61. 在学习或研究中遇到困难时，我会向同学请教。

62. 我会主动向老师汇报自己的学习或研究进展。

影响学术英语口语进步的因素

您认为在国外留学期间，促进您英语口语能力提升的因素有哪些？

_____

_____

_____

再次感谢您的合作！

附录二　留学语境下中国学生
跨文化能力发展状况调查问卷

亲爱的朋友：

您好！非常欢迎您参加本次问卷调查。

该问卷是针对留学语境下中国学生跨文化能力发展状况的一项实证调查。问卷包括三个部分：个人信息，跨文化能力自评，以及跨文化语境下用外语交流意愿的自评。

本问卷采取匿名的方式，问卷结果只用于学术研究，您的任何资料和观点将予以保密。请您根据自己的实际情况，完成问卷里面的每一个问题。

您的参与对本次调查十分重要。感谢您的大力支持！

第一部分　个人信息

请根据您的实际情况做出选择或填空。

您参加留学交换项目的国家：<u>美国</u>

您在国外学习的学校：<u>乔治·华盛顿大学</u>

留学交换项目名称：<u>乔治·华盛顿大学国际组织人才培养项目</u>

您的性别：

○女

○男

您的年龄：_____

您在国内就读的专业：_____

现在您在国内就读的年级：_____

本科生 ○一年级	○二年级	○三年级	○四年级
研究生 ○一年级	○二年级	○三年级	○其他

您在华盛顿大学国际组织人才培养项目之前是否有过其他留学/境外旅游经历？

（若有相关经历，请在横线上注明该经历内容和起止时间）

例如：◎有过一次留学/境外旅游经历：<u>去英国剑桥大学参加游学项目，2018.9.1—2018.9.30</u>

○无_____

○有过一次留学/境外旅游经历：_____

○有过两次留学/境外旅游经历：_____

○有过三次及三次以上留学/境外旅游经历：_____

英语水平：

（请在参加过的语言考试后填写您在该考试中获得的成绩以及考试时间；若选择"其他"选项，请在考试成绩栏中同时注明考试名称和考试成绩）

	考试成绩	考试时间
CET－4		
CET－6		
IELTS		
TOEFL		
TEM－4		
TEM－8		
其他		

第二部分　跨文化能力自评

　　填写说明：本部分是中国学生跨文化能力自评量表，包括六个方面（本国文化知识、外国文化知识、对跨文化交流的态度、跨文化交流技能、跨文化认知技能和跨文化交流意识）。请您评估、对比自己出国留学前和参加出国留学项目后的跨文化能力的实际情况，并根据序号所代表的意思，选择恰当的序号。所选序号一定要能如实地反映您的实际情况。

　　"1"代表程度最低，依次递增，"5"代表程度最高，具体参照如下：

　　　　　　1＝非常弱／些微

　　　　　　2＝较弱／一点

　　　　　　3＝一般／一些

　　　　　　4＝较强／较多

　　　　　　5＝非常强／非常多

　　1.　本国文化知识

　　（1）了解本国的历史、地理和社会政治知识。

　　（2）了解本国的生活方式和价值观。

　　（3）了解本国的社交礼仪和宗教文化知识。

　　2.　外国文化知识

　　（4）了解外国的历史、地理和社会政治知识。

　　（5）了解外国的生活方式和价值观。

　　（6）了解外国的社交礼仪和宗教文化知识。

　　（7）了解外国的文化禁忌知识。

（8）了解和比较不同文化的基本规范与行为知识。

（9）了解文化和跨文化交流与传播等概念的基本知识。

（10）了解一些成功进行跨文化交流的策略和技巧。

3．对跨文化交流的态度

（11）愿意和来自不同文化的外国人进行交流和学习。

（12）愿意尽量去宽容外国人不同的价值观、饮食习惯、禁忌等等。

（13）愿意学好外语、了解外国人。

4．跨文化交流技能

（14）出现跨文化交流误解时，通过协商、解释本国文化使对方满意的能力。

（15）出现语言交流障碍时，借助身体语言或其他非语言方式进行交流的能力。

（非语言方式包括目光接触、人际距离、音量和音调的控制等）

（16）使用外语和来自不同社会文化背景和领域的人交流的能力。

（17）在与外国人交流时，礼貌对待他们的能力。

（18）在与外国人交流时，尽量避免在语言、穿着和行为举止上冒犯他们的能力。

（19）在与外国人交流时，尽量避免对外国人产生偏见和成见的能力。

（20）在与外国人交流时，会避免提到有关对方隐私话题的能力。

（21）具有对跨文化差异敏感性的能力。

（跨文化差异敏感性指在不同文化交汇的情景下用灵活的方式应对文化差异的能力）

（22）国外发生如政治、经济、宗教等方面的事件时，从不同文化出发，多角度地看问题的能力。

5. 跨文化认知技能

（23）具备通过与外国人接触而直接获取跨文化交际相关知识的能力。

（24）具备运用各种方法、技巧与策略帮助学习外国语言和文化的能力。

（25）出现跨文化冲突和误解时进行反思和学习并寻求妥善解决途径的能力。

6. 跨文化交流意识

（26）意识到与外国人交流时彼此存在文化相似性和差异性。

（27）意识到与外国人交流时自身文化身份和对方文化身份的差异。

（28）意识到文化风格和语言运用的不同，以及它们对社会和工作情景造成的影响。

第三部分　简答题

您认为短期出国留学经历对您有哪些帮助？

_____

您认为自己在跨文化交流方面有哪些需要提升的地方？

_____

再次感谢您的支持配合！

祝您万事顺心！

附录三　英语口语测试评分标准

等级		优秀 (60~54分)	良好 (53~48分)	中等 (47~42分)	及格 (41~36分)	不及格 (36分以下)
内容 (占40%)		能紧扣所给的题目，有条理地组织自己的讲话	基本能紧扣主题，有条理性，但有一些无关紧要的或不切题的内容	讲话内容基本与所给题目有关，但条理性较差，有些不切题的内容，或讲得不够充分	讲话内容与所给题目大致相关，但条理性较差，有较多不切题的内容，或讲得内容比较简单	讲话内容与所给题目基本不相关，无条理性，或讲的内容过于简单
准确度 (占30%)	语音语调	清晰、自然，接近本族语者	有口音，但清楚，没有明显的错误	有口音，有少数错误，但不影响他人理解	有口音，有明显比较严重的错误，但经他人努力可理解大概内容	有口音，有严重的错误，虽经他人努力，仍难理解其讲话内容
	语法	基本正确，无明显错误	虽有少数错误，但不严重，不影响他人理解	有少数严重语法错误，但经他人努力，可理解讲话内容	有较多语法错误，虽经他人努力，只能大概理解讲话内容	语法基本不正确，严重影响他人的理解
流利度 (占30%)		基本流畅，无不必要的停顿	有少数不必要的犹豫或结巴，但对交际无影响	犹豫或结巴次数较多，但基本上对交际没有影响	长犹豫或结巴，时而影响交际	讲话速度极其慢，犹豫或结巴的频率太高，严重影响交际

附录四　英语口语策略使用现状调查表

说明：本调查旨在了解研究生口语学习及口语策略使用的具体情况，为帮助学生提高英语口语学习效率，提高英语培训质量和教学效果提供科学依据，请您如实填写。所收集的数据将绝对保密，并仅仅用于研究。谢谢您真诚的合作和帮助！

第一部分　个人信息

1. 姓名：_____

　姓别：_____

　出生年月：_____

　来自：_____省_____市（县）

2. 我于_____年毕业于_____（学校）_____系_____专业。

3. 研究生阶段所在院系_____，所学专业_____。

4. 我考研时的英语成绩为：_____分。

5. 我已通过的英语考试及相应分数：

（1）四级_____分；（2）六级_____分；

（3）托福_____分；（4）GRE_____分；

（5）外语水平考试_____分；　（6）剑桥商务英语等级考试_____分。

6. 我以前英语口语的学习经历：

7. 希望通过本次口语培训达到什么目的?

_____

8. 对本次口语培训的希望和要求:

_____

第二部分　我参加英语口语培训的目的

下面是人们参加英语口语培训的目的,请根据序号所代表的意思,选择其中一个填在答卷纸上。所选序号一定要能如实地反映您的实际情况。

1 = 这种说法完全或几乎完全不适合我的情况

2 = 这种说法通常不适合我的情况

3 = 这种说法有时适合我的情况

4 = 这种说法通常适合我的情况

5 = 这种说法完全或几乎完全适合我的情况

1. 我参加培训是为了通过考试。
2. 我参加培训是为了更好地获得国外最新专业信息。
3. 我参加培训是为了在国外杂志上发表论文或参加国际交流。
4. 我参加培训是为了阅读英文报刊、杂志。
5. 我参加培训是为了通过网络与人交流信息。
6. 我参加培训是为了更好地了解英美社会文化。
7. 我参加培训是因为我喜听英文歌曲、看英文电影。

第三部分　影响我英语口语学习的因素

下面是影响人们英语学习的一些因素,请根据序号所代表的意思,选择其中一个填在答卷纸上。所选序号一定要能如实地反映您的实际情况。

      1 = 这种说法完全或几乎完全不适合我的情况

      2 = 这种说法通常不适合我的情况

      3 = 这种说法有时适合我的情况

      4 = 这种说法通常适合我的情况

      5 = 这种说法完全或几乎完全适合我的情况

8. 词汇量对我口语学习影响最大。

9. 英语语法对我口语学习影响最大。

10. 内容话题对我英语听说影响最大。

11. 适当的语言环境对我口语的提高影响最大。

12. 方言口音对我英语口语影响最大。

13. 文化背景知识对我的听说影响最大。

14. 学习方法对我英语口语影响最大。

15. 心理情绪（如急躁、胆怯等）对我英语口语学习影响最大。

16. 教师的教学方法对我英语学习影响最大。

17. 学习辅助设备（如录音机、语言复读机、电视、收音机、电脑、网络等）对我英语学习影响最大。

第四部分　口语策略的使用情况

下面是人们常用的一些口语策略，请根据序号所代表的意思，选择其中一个填在答卷纸上。所选序号一定要能如实地反映您的真实情况。请记住在填写时要根据自己的实际做法，而不是您的想法或其他人的看法。

1 = 这种说法完全或几乎完全不适合我的情况

2 = 这种说法通常不适合我的情况

3 = 这种说法有时适合我的情况

4 = 这种说法通常适合我的情况

5 = 这种说法完全或几乎完全适合我的情况

18. 除了参加英语培训外，我有自己的学习计划。

19. 我寻找机会与外国人交谈以练习口语。

20. 边说边想时，我用拖音，"嗯、em，eer，mhm"等词填补空白，以免停顿。

21. 我愿意听别人说英语而不愿意自己开口说英语。

22. 说英语时，我脑子里在想我刚讲的英语是否有语法错误。

23. 我与别人探讨提高英语听说能力的方法。

24. 听说训练中遇到问题时，我与别人讨论。

25. 我主动去了解英语国家的风俗习惯。

26. 我通过分析语法规则来帮助学习英语。

27. 我对比英汉语言规则来帮助学习英语。

28. 口语练习前，我先列出要点，再据此阐述。

29. 我反复朗读或背诵重要的英文句子。

30. 我按照某个主题来记忆相关的表达方式。

31. 每次上课后，我都进行复习，以强化所学内容。

32. 说英语时，遇到不会表达的地方，我直接用中文表达。

33. 说英语时，遇到不会表达的地方，我向别人求助。

34. 口语中，我尽量使用自己熟悉的词汇和句型。

35. 口语中，遇到不会表达的地方，我借助手势。

36. 练习口语时，我选择自己熟悉的话题。

37. 遇到不会表达的地方，我用相近的说法或解释来表示。

38. 上口语课前，我不做准备（如预习、复习等）。

39. 我在业余时间听英语广播，看英语节目。

40. 边说边想时，我宁愿停顿，也不用其他语气词。

41. 我说英语时一旦发现有错误就及时更正。

42. 做完听说练习后，我会思考一下自己使用的方法是否奏效。

43. 当众说英语时我很紧张。

44. 我每次发言前，尽量鼓励自己：这次肯定比上次说得好。

45. 我阅读有关英语学习方法的书籍。

46. 我不愿与人讨论，只愿一个人听或想。

47. 我模仿英美人士的语音语调。

48. 我对比英汉表达习惯来帮助学习。

49. 课后我听英语磁带和英语广播。

50. 我按照语言的功能（如建议、道歉等）来记忆相关的表达
方式。

51. 我上完课，任务就完成了。

52. 说英语时，遇到不会表达的地方，我宁愿不说也不愿向别人
求助。

53. 说英语时，遇到不会表达的地方，我跳过去。

54. 我只谈有把握用英语表达的话题。

55. 遇到不会表达的地方，我使用自己没有把握的词。

56. 课堂上我用英语回答老师的问题。

57. 说英语时，我会冒出"这个""那个"之类的中文词。

58. 说英语时，即使有错，只要能表达意思就可以了。

59. 做完听说练习后，我会与前一次比较，看看是否有进步。

60. 说英语时，我遇到不会表达的地方，就不知如何继续下去。

61. 遇到不会表达的地方，我会想：我不会，别人也不会。

62. 我与同学交流提高听说能力的方法。

63. 英语听说时，我用英语思维。

64. 我列出重点内容，以便口语表达时作为参考。

65. 我归纳语言规则来帮助学习英语。

66. 我对比英汉背景知识来帮助学习英语。

67. 课后，我找机会与别人练习口语。

68. 在每次口语训练之前，我会复习上次学过的表达方式。

69. 我参加外事活动（如国际会议、聚会等）。

70. 一时想不起来时，我重复刚才的内容，以免造成停顿。

71. 我把课上所犯错误记下来，避免再犯类似的错误。

72. 做完听说练习后，我会检查听说的效果是否与自己的预定目标相符合。

73. 对不知道的生词或表达方式，会向别人请教。

74. 我利用背景知识来帮助理解与表达。

75. 说英语时，我先用中文组织好意思，再翻译成英语。

76. 我重复模仿磁带的语音语调。

77. 每次听说训练之前，我对要着重训练哪个方面做到心中有数。

78. 我阅读英文报纸杂志。

79. 我评价自己英语学习进步的情况，从而找出薄弱环节和改进措施。

80. 说英语时，我采取一些措施（如深呼吸等）缓解紧张情绪。

81. 不能表达或听不懂的地方，我就自己设法弄清楚。

82. 我自言自语或默念练习口语。

83. 在每次听说训练之前，我没有明确要求达到什么目标。

84. 当我听到好的表达方式，我就记下来。

85. 我避免用中文思考或记忆。

86. 我看英语电视和英语节目。

87. 我常阅读英文报纸杂志。

88. 练口语前，我预习可能专用到的生词及表达方式。

89. 确定口语训练的主题后，我查询有关的背景知识。

附录五　基于学习策略的口语教学中 所培训的外语口语策略

Description of the strategies trained

The selection of strategies in the present study made reference to research findings on the need for instruction in metacognitive, affective, social, cognitive, and compensation strategies that successful learners reported using in learning to speak a foreign or second language. Those strategies that were used less frequently by the respondents according to the survey results of the pre-course questionnaires were especially paid much more attention. The range of strategies taught included the following.

Metacognitive strategies:

(1) Planning and arranging learning (PLANAR): finding about language learning, organizing the schedule, setting goals and objectives, considering task purposes, planning for tasks and seeking practice opportunities.

(2) Self-monitoring (MONITO): identifying errors in understanding or producing the new language, determining which ones are important, tracking the source of important errors, and trying to eliminate such errors.

(3) Self-evaluation (EVALUA): evaluating one's own progress in the new language and in learning strategy use, e. g., by checking to see whether one is understanding a greater percentage of conversation than 1 month ago, or whether one can express him/herself more easily with a higher degree of accuracy.

Affective strategies:

Lowering anxiety (ANXIET): using methods like progressive relaxation, deep breathing, meditation, music and laughter to reduce anxiety; self-encouragement, including saying supportive things, prodding oneself to take risks wisely, providing rewards, and taking learning logs.

Social strategies:

Cooperation (COOPER): interacting with one or more people to improve language skills; asking someone, either a teacher or native speaker or even a more proficient fellow learner, for clarification, verification, or correction.

Cognitive strategies:

(1) Resourcing (RESOUR): checking the background information, new words, and useful expressions before the language tasks.

(2) Repetition (REPETI): saying or doing something over and over; listening to something several times; rehearsing; imitating a native speaker.

(3) Using outlines (OUTLIN): using raw notes or a more systematic form of note-taking such as the shopping-list format, the T-formation, the semantic map, or the standard outline form, to create structure for production in the new language.

(4) Contrastive analysis (CONTRA): comparing elements (sounds, vocabulary, grammar, etc.) of the new language with elements of the mother tongue to determine similarities and differences.

(5) Memory strategies (MEMORY): arranging words or expressions in order, making associations, using imagery and keywords.

Compensation strategies:

(1) Getting help (GEHELP): asking someone for help by hesitating or explicitly asking for the person to providing the missing expression in the target language.

(2) Avoidance communication or circumlocution (AVOIDC): avoiding communication in general, avoiding certain topics, avoiding specific expressions, or abandoning communication in mid-utterance; expressing the desired idea by describing the concept, paraphrasing, or making up new words.

(3) Switching to the mother tongue (MOTHTO): using the mother tongue for an expression without translating it, or adding word endings from the new language onto words from the mother tongue.

(4) Using gap fillers (GAPFIL): using words like "well", "let me see", etc. to avoid silence in oral production.

[Based on Oxford(1990) ,Cohen(2000)]

附录六　口语产出的不同阶段可以使用的策略

1　Before you speak

1.1　**Lower your anxiety**

- deep breathing

- positive self-talk

- visualizing yourself succeeding

- relaxation techniques

- visualizing yourself as prepared

1.2　**Prepare and plan**

Understand the purpose of a task:

- Identify the goal and purpose of the task: what is it you are to learn/demonstrate in this exercise?

- Ask for clarification of the task if you are unsure of its goal, purpose, or how you are to do it.

Use background knowledge:

- Activate your background knowledge—what you already know about this situation/task.

- Relate the task to a similar situation; make associations.

- Review similar tasks in your textbook.

- Transfer sounds and structures from previously learned material to the new situation.

Predict:

- Predict what is going to happen.

- Predict the vocabulary you will need; make word maps, groupings.

- Think of how you might circumlocute for vocabulary you do not know; think of synonyms, antonyms, explanations, or non-verbal communication that can substitute; translate from Chinese to English any words you predict you will need that you do not already know.

- Predict what the other party is going to say.

- Predict the structure (grammar) you will need.

- Predict the difficulties you might encounter.

Plan and organize:

- Plan your responses and contributions.

- Organize your thoughts.

- Prepare a general "outline" (use notes, keywords, draw pictures).

- Rehearse (predict silently, act out in front of a mirror, record yourself and listen).

- Cooperate in all areas if it is a group task.

- Encourage yourself to speak out, even though you might make some mistakes.

2　While you speak

2. 1　**Feel in control**

- Take your emotional temperature. If you find you are tense, try to relax, funnel your energy to your brain rather than your body (laugh, breathe deeply).

- Concentrate on the task—do not let what is going on around you distract you.

- Use your prepared materials (when allowed).

- Ask for clarification ("Is that what I am supposed to do?"), help (ask someone for a word, let others know when you need help), or verification (ask someone to correct your pronunciation).

- Delay speaking. It's OK to take time to think out your response.

- Don't give up. Don't let your mistakes stop you. If you talk yourself into a corner or become frustrated, back up, ask for time, and start over in another direction.

- Think in the target language.

- Encourage yourself (use positive self-talk).

2.2 Be involved in the conversation

- Direct your thoughts away from the situation (e. g. test!) and concentrate on the conversation.

- Listen to your conversation partner. Often you will be able to use the structure or vocabulary they use in your own response.

- Cooperate to negotiate meaning and to complete the task.

- Anticipate what the other person is going to say based on what has been said so far.

- Empathize with your partner. Try to be supportive and helpful.

- Take reasonable risks. Don't guess wildly, but use your good judgement to go ahead and speak when it is appropriate, rather than keeping silent for fear of making mistake.

2.3 Monitor your performance

- Monitor your speech by paying attention to your vocabulary, grammar, and pronunciation while speaking.

- Self-correct. If your hear yourself making a mistake, back up and fix it.

- Activate your new vocabulary. Try not to rely only on similar words.

Imitate the way native speakers talk.

- Compensate by using strategies such as circumlocution, synonyms, guessing which word to use, getting help, using cognates, making up words, using gestures.

- Adjust or approximate your message. If you can't communicate the complexity of your idea, communicate it simply. Through a progression of questions and answers, you are likely to get your point across, rather than shutting down for a lack of ability to relate the first idea.

- Switch (when possible) to a topic for which you know the words. (Do not do this to avoid practicing new material, however!)

3　After you speak

3. 1　**Evaluate your performance**

- Reward yourself with positive self-talk for completing the task. Give yourself a personally meaningful reward for a particularly good performance.

- Evaluate how well the activity was accomplished. (Did you complete the task, achieve the purpose, accomplish the goal? If not, what will you do differently next time?)

- Identify the problem areas.

- Share with peers and instructors (ask for and give feedback, share learning strategies) .

- Be aware of others' thoughts and feelings.

3. 2　**Plan for future tasks**

- Plan how you will improve for the next time.

- Look up vocabulary and grammar forms you had difficulty remembering.

- Review the strategy checklists to see what you might have forgotten.

- Ask for help or correction.

- Work with proficient users of the target language.

- Keep a learning log (document strategies used and task outcomes, find out what works for you) .

[Source: (Cohen, 2000)]

附录七　口语策略培训方案示例

The implementation of the SBI program was divided into three stages. The first stage contributed to heightening students' general awareness of language learning strategies, with an end focus on the awareness of speaking strategies. The stage (for the first week of the treatment) began with informing the students of the need, usefulness and benefits from use of appropriate learning strategies, pointing out that all students do use some kind of strategies to prompt their learning, and that more successful students use them consciously, purposefully, appropriately and frequently (Oxford, 1990). Stories of some great language masters were introduced to make them more impressed about the benefits of learning strategies. Then the nature of oral communication and the active role of students' in learning oral English were briefly introduced. The compilation of speaking strategies adapted from Cohen (2000) was also distributed to each of the subjects and was clearly explained, with examples to illustrate the usage of the strategies. The objective of these activities was to refresh students' awareness of learning strategies, as well as activate students' motivation to participate in this experiment.

In the second stage, a ten-week stage, the oral English lessons were typically Oral English lessons, including a balanced practice of individual and integrated speaking strategies. The highly detailed strategy instruction started involving great commitment of time and focused attention on the fourteen strategies selected for this study. The teaching procedures were primarily based on Dadour's approach (Dadour et al., 1996), following a sequence like:

(1) warm-up;

(2) students' presentations and discussions of home assignments;

(3) teacher's presentation and explanation with examples of new strategies;

(4) activities for practicing the new strategies and for discussing them;

(5) home assignment for practicing the strategies taught.

Here is an example of how the course was organized:

New strategy taught: using outline to create structure for oral production.

Instruction procedure:

(1) *Introduce the importance of using outlines: helping learners organize their ideas more clearly and logically, thus making oral production more fluent and more accurate.*

(2) *Forms of outlines: raw notes or a more systematic form of note-taking such as the shopping-list format, the T-formation, the semantic map, or the standard outline form.*

(3) *Provide the students with an example:*

Activity: Making a speech on "Eating and reading".

A. *Eating and reading can satisfy the need of our body and spirit respectively.*

B. *Eating and reading are in some ways similar;*

a. *eating—purpose: to provide nutrition for our body;*

—partiality for certain food may not be harmful as long as we can control it;

> —*food should be digested;*
>
> b. *reading—purpose: to provide nutrition for our mind;*
>
> —*partiality for certain books may not be harmful as long as we can control it;*
>
> —*knowledge got from reading should be digested;*
>
> C. *We should eat sensibly and read sensibly to get a strong body and a healthy mind.*

(4) *Let students practice using outlines before making a speech (10 minutes for preparation).*

Topic: The school library.

(5) *Ask some students first make the speech and then read out the outlines they wrote.*

(6) *Evaluate the students' speeches and their outlines.*

(7) *Assignment: paired work. Prepare a speech on the differences/ similarities between Spring Festival and Christmas by using the strategy of outlining as well as other possible strategies. Present the speech to the partner and check how effectively this strategy helps you in fulfilling the task.*

In the third stage, namely the last lesson, the major strategies taught in the SBI program were reviewed and learners were encouraged to use the strategies in future studies.

[Based on Oxford(1990) ,Cohen(2000)]

附录八 《论旅行》（"Of Travel"）

约四百年前，英国哲学家培根写下了这篇小文"Of Travel"，谈论了自己对出国游学的看法。其中的观点，即便今天看来也不过时，例如出国游学前要有一定的语言基础，出国后要多和东道国的人交流，充分体验当地的习俗和文化，保持自己的国家和民族认同等。这些谆谆教导对于当今出国留学的广大学子仍然非常有指导意义。

值得一提的是，培根在文中强调，对于初次出国的年轻人而言，最好能有一位出过国的、有经验的人士陪伴，由该人士向年轻人传经送宝，例如国外值得学习的东西、行事方式、为人之道等。这些观点和语言社会化理论不谋而合，即实践共同体中的新手通过和老手交流互动，在老手的帮助下更好地参与共同体的活动，成为共同体中合格的成员。

本书将这篇文章收录进来，希望给准备出国留学的学生带来一定的启示。

Of Travel

Francis Bacon

TRAVEL, in the younger sort, is a part of education; in the elder, a part of experience.

He that travelleth into a country, before he hath some entrance into the language, goeth to school, and not to travel. That young men travel under some tutor, or grave servant, I allow well; so that he be such a one that hath the language, and hath been in the country before; whereby he may be able to tell them, what things are worthy to be seen, in the country where they go; what acquaintances they are to seek; what exercises or discipline the place yieldeth. For else, young men shall go hooded, and look abroad little.

It is a strange thing, that in sea voyages, where there is nothing to be seen but sky and sea, men should make diaries; but in land-travel, wherein so much is to be observed, for the most part they omit it; as if chance were fitter to be registered than observation. Let diaries, therefore, be brought in use.

The things to be seen and observed are: the courts of princes, especially when they give audience to ambassadors; the courts of justice, while they sit and hear causes; and so of consistories ecclesiastics; the churches and monasteries, with the monuments which are therein extant; the walls and fortifications of cities and towns, and so the heavens and harbors; antiquities and ruins; libraries; colleges, disputations, and lectures, where any are; shipping and navies; houses and gardens of state and pleasure, near great cities; armories; arsenals; magazines; exchanges; burses; warehouses; exercises of horsemanship, fencing, training of soldiers, and the like; comedies, such whereunto the better sort of persons do resort; treasuries of jewels and robes; cabinets and rarities; and to conclude, whatsoever is memorable, in the places where they go. After all which, the tutors or servants, ought to make diligent inquiry. As for triumphs, masks, feasts, weddings, funerals, capital executions, and such shows, men need not to be put in mind of them; yet are they not to be neglected.

If you will have a young man to put his travel into a little room, and in short time to gather much, this you must do. First, as was said, he must have some entrance into the language before he goeth. Then he must have such a servant, or tutor, as knoweth the country, as was likewise said. Let him carry with him also some card or book describing the country, where he travelleth; which will be a good key to his inquiry. Let him keep also a diary. Let him not stay long, in one city or town; more or less as the place deserveth, but not long; nay, when he stayeth in one city or town, let him change his lodging from one end and part of the town, to another; which is a great adamant of acquaintance. Let him sequester himself from the company of his countrymen, and diet in such places, where there is good company of the nation where he travelleth. Let him, upon his removes from one place to another, procure recommendation to some person of quality, residing in the place whither he removeth; that he may use his favor in those things he desireth to see or know. Thus he may abridge his travel, with much profit. As for the acquaintance, which is to be sought in travel; that which is most of all profitable, is acquaintance with the secretaries and employed men of ambassadors: for so in travelling in one country, he shall suck the experience of many. Let him also see, and visit, eminent persons in all kinds, which are of great name abroad; that he may be able to tell, how the life agreeth with the fame. For quarrels, they are with care and discretion to be avoided. They are commonly for mistresses, healths, place, and words. And let a man beware, how he keepeth company with choleric and quarrelsome persons; for they will engage him into their own quarrels.

When a traveller returneth home, let him not leave the countries, where he hath travelled, altogether behind him; but maintain a correspondence by letters, with those of his acquaintance, which are of most worth. And let his travel appear rather in his discourse, than his apparel or gesture; and in his discourse, let him be rather advised in his answers, then forwards to tell stories; and let it appear that he doth not change his country manners, for those of foreign parts; but only prick in some flowers, of that he hath learned abroad, into the customs of his own country.